厚大法考
Judicial Examination

法考精神体系

名师精编　深研命题

行政法突破118题

应试提点　实战推演

魏建新◎编著 ｜ 厚大出品

中国政法大学出版社

志之所趋　无远弗届

2024年厚大社群服务清单

主题班会
每月一次，布置任务，总结问题

学情监督
记录学习数据，建立能力图谱，针对薄弱有的放矢

备考规划
学习规划，考场应急攻略，心理辅导策略

干货下载
大纲对比、图书勘误、营养资料、直播讲义等

同步小测
同步练习，当堂讲当堂练
即时检测听课效果

单科测试
全真模拟，摸底考试
考试排名，知己知彼

专业答疑
语音、图片、文字多方式提问
专业专科答

主观破冰
破译主观题的规律和奥秘，使学员对主观题从一知半解到了如指掌

模拟机考
全真模拟，冲刺法考，进阶训练，突破瓶颈

高峰论坛
大纲解读，热点考点精析，热点案例分析等

法治思想素材
精编答题素材、传授答题套路，使考生对论述题万能金句熟记于心

主观背诵金句
必背答题采分点，"浓缩"知识，择要记忆
法言法语，标准化答题

扫码获取专属服务

代总序
做法治之光
——致亲爱的考生朋友

如果问哪个群体会真正认真地学习法律,我想答案可能是备战法考的考生。

当厚大的老总力邀我们全力投入法考的培训事业,他最打动我们的一句话就是:这是一个远比象牙塔更大的舞台,我们可以向那些真正愿意去学习法律的同学普及法治的观念。

应试化的法律教育当然要帮助同学们以最便捷的方式通过法考,但它同时也可以承载法治信念的传承。

一直以来,人们习惯将应试化教育和大学教育对立开来,认为前者不登大雅之堂,充满填鸭与铜臭。然而,没有应试的导向,很少有人能够真正自律到系统地学习法律。在许多大学校园,田园牧歌式的自由放任也许能够培养出少数的精英,但不少学生却是在游戏、逃课、昏睡中浪费生命。人类所有的成就靠的其实都是艰辛的训练;法治建设所需的人才必须接受应试的锤炼。

应试化教育并不希望培养出类拔萃的精英,我们只希望为法治建设输送合格的人才,提升所有愿意学习法律的同学整体性的法律知识水平，培育真正的法治情怀。

厚大教育在全行业中率先推出了免费视频的教育模式，让优质的教育从此可以遍及每一个有网络的地方，经济问题不会再成为学生享受这些教育资源的壁垒。

最好的东西其实都是免费的，阳光、空气、无私的爱，越是弥足珍贵，越是免费的。我们希望厚大的免费课堂能够提供最优质的法律教育，一如阳光遍洒四方，带给每一位同学以法律的温暖。

没有哪一种职业资格考试像法考一样，科目之多、强度之大令人咂舌，这也是为什么通过法律职业资格考试是每一个法律人的梦想。

法考之路，并不好走。有沮丧、有压力、有疲倦，但愿你能坚持。

坚持就是胜利，法律职业资格考试如此，法治道路更是如此。

当你成为法官、检察官、律师或者其他法律工作者，你一定会面对更多的挑战、更多的压力，但是我们请你持守当初的梦想，永远不要放弃。

人生短暂，不过区区三万多天。我们每天都在走向人生的终点，对于每个人而言，我们最宝贵的财富就是时间。

感谢所有参加法考的朋友，感谢你愿意用你宝贵的时间去助力中国的法治建设。

我们都在借来的时间中生活。无论你是基于何种目的参加法考，你都被一只无形的大手抛进了法治的熔炉，要成为中国法治建设的血液，要让这个国家在法治中走向复兴。

数以万计的法条，盈千累万的试题，反反复复的训练。我们相信，这种貌似枯燥机械的复习正是对你性格的锤炼，让你迎接法治使命中更大的挑战。

亲爱的朋友，愿你在考试的复习中能够加倍地细心。因为将来的法律生涯，需要你心思格外的缜密，你要在纷繁芜杂的证据中不断搜索，发现疑点，去制止冤案。

亲爱的朋友，愿你在考试的复习中懂得放弃。你不可能学会所有的知识，抓住大头即可。将来的法律生涯，同样需要你在坚持原则的前提下有所为、有所不为。

亲爱的朋友，愿你在考试的复习中沉着冷静。不要为难题乱了阵脚，实在不会，那就绕道而行。法律生涯，道阻且长，唯有怀抱从容淡定的心才能笑到最后。

法律职业资格考试不仅仅是一次考试，它更是你法律生涯的一次预表。

我们祝你顺利地通过考试。

不仅仅在考试中，也在今后的法治使命中——

不悲伤、不犹豫、不彷徨。

但求理解。

厚大全体老师　谨识

目录

第1讲 行政法概述 ·· 1
专题1　行政法基础 ·· 1
答案及解析 ·· 3

第2讲 行政组织 ·· 7
专题2　行政机构设置与编制管理 ·· 7
答案及解析 ·· 8

第3讲 公务员 ·· 12
专题3　公务员制度 ·· 12
答案及解析 ·· 14

第4讲 抽象行政行为 ·· 20
专题4　行政立法与其他规范性文件 ·· 20
答案及解析 ·· 22

第5讲 具体行政行为 ·· 27
专题5　具体行政行为概述 ·· 27
答案及解析 ·· 28

第6讲 行政许可 ·· 32
专题6　行政许可行为 ·· 32
答案及解析 ·· 35

· 1 ·

第 7 讲 行政处罚 42
专题 7 行政处罚行为 44
专题 8 治安处罚行为 46
答案及解析 54

第 8 讲 行政强制行为 54
专题 9 57
答案及解析

第 9 讲 行政公开 64
专题 10 政府信息公开 64
答案及解析 66

第 10 讲 行政复议 71
专题 11 行政复议制度 71
答案及解析 75

第 11 讲 行政诉讼 83
专题 12 行政诉讼之一：受案范围与管辖 83
专题 13 行政诉讼之二：当事人 85
专题 14 行政诉讼之三：程序 87
专题 15 行政诉讼之四：证据 90
专题 16 行政诉讼之五：判决与执行 92
答案及解析 94

第 12 讲 国家赔偿 116
专题 17 国家赔偿制度 116
答案及解析 119

答案速查表 128

第1讲 行政法概述

专题 1 行政法基础

1. 依法行政是法治国家对政府行政活动提出的基本要求，而合法行政则是依法行政的根本。下列哪些做法违反了合法行政的要求？（　　）（多选）

   A. 县市场监管局委托镇政府实施扣押行为

   B. 市土地局冻结某企业的银行存款，划拨抵缴罚款

   C. 公安派出所对治安违法事实清楚的当事人当场罚款500元

   D. 省政府发布规章规定，外地物流公司到本地运输货物应事前得到省交通厅审批

   [考点] 合法行政

2. 2019年3月5日至9日，个体工商户黄某租用某敬老院场地推销玉石床垫等产品。市监局经现场检查，发现黄某正在向村民播放玉石床垫的宣传视频中存在涉嫌虚假宣传的内容，予以立案查处。市监局根据《广告法》第55条第1款的规定，决定罚款30万元。黄某提起诉讼。法院认为，罚款30万元明显不符合过罚相当的要求，判决撤销处罚决定，责令市监局重新作出处罚。法院判决适用了下列哪一原则？（　　）（单选）

   A. 程序正当　　　　　　　　B. 高效便民

   C. 合理行政　　　　　　　　D. 诚实守信

   [考点] 合理行政

3. 程序正当是当代行政法的基本原则，遵守程序是行政行为合法的要求之一。某公安局的下列做法中，符合这一要求的是：（　　）（任选）

A. 简化内部办理行政许可的流程
B. 出台养犬治理措施前听取公众意见
C. 作出吊销许可证决定前告知当事人有权申请听证
D. 发现其所作出的强制隔离戒毒决定违法后，主动纠正错误并赔偿当事人损失

[考 点] 程序正当

4. 程序正当是当代行政法的基本原则，遵守程序是行政行为合法的要求之一。下列哪些做法违背了这一要求？（　　）（多选）

A. 某市场监管局收集证据时，在证据可能灭失的情况下，行政执法人员直接对证据先行登记保存
B. 某生态环境局书面通知银行划拨某企业在该银行的存款，以抵缴其拒不缴纳的罚款
C. 某公安派出所拟对王某罚款 500 元，告知其可以申请听证
D. 某公安交管局交通大队 1 名交警在执勤时发现李某驾驶的电动三轮车未悬挂号牌，遂当场作出扣押的强制措施

[考 点] 程序正当

5. 下列哪些法律规定体现了信赖保护的要求？（　　）（多选）

A. 《行政处罚法》第 5 条第 2 款规定，设定和实施行政处罚必须以事实为依据，与违法行为的事实、性质、情节以及社会危害程度相当
B. 《行政许可法》第 8 条第 1 款规定，公民、法人或者其他组织依法取得的行政许可受法律保护，行政机关不得擅自改变已经生效的行政许可
C. 《行政许可法》第 8 条第 2 款规定，行政许可所依据的法律、法规、规章修改或者废止，或者准予行政许可所依据的客观情况发生重大变化的，为了公共利益的需要，行政机关可以依法变更或者撤回已经生效的行政许可。由此给公民、法人或者其他组织造成财产损失的，行政机关应当依法给予补偿
D. 《行政强制法》第 5 条规定，采用非强制手段可以达到行政管理目的的，不得设定和实施行政强制

[考 点] 信赖保护

6. 关于行政法基本原则，下列说法不正确的是：（　　）（任选）

A. 卫健委定期主动向公众公布法定传染病信息，体现了诚实守信原则
B. 规划局不随意撤回已生效的行政许可，体现了合法行政原则

C. 市场监管局执法时平等对待市场主体，体现了权责统一原则
D. 交警队将扣押车辆的停车费用减半收取，体现了高效便民原则

[考点] 行政法基本原则

答案及解析

1. [考点] 合法行政

[答案] ABD

[解析] 根据《行政强制法》第17条第1款的规定，行政强制措施由法律、法规规定的行政机关在法定职权范围内实施。行政强制措施权不得委托。扣押属于行政强制措施，县市场监管局不得委托镇政府实施扣押行为。故A选项中的做法违反了合法行政的要求，当选。

根据《行政强制法》第29条第1款的规定，冻结存款、汇款应当由法律规定的行政机关实施，不得委托给其他行政机关或者组织；其他任何行政机关或者组织不得冻结存款、汇款。根据《行政处罚法》第72条第1款第2项的规定，当事人逾期不履行行政处罚决定的，作出行政处罚决定的行政机关可以根据法律规定，将查封、扣押的财物拍卖、依法处理或者将冻结的存款、汇款划拨抵缴罚款。由此可知，冻结存款和划拨存款抵缴罚款只能由法律规定的机关实施。市土地局既无权冻结该企业的存款，也无权划拨抵缴罚款。故B选项中的做法违反了合法行政的要求，当选。

根据《治安管理处罚法》第91条的规定，治安管理处罚由县级以上人民政府公安机关决定；其中警告、500元以下的罚款可以由公安派出所决定。根据《治安管理处罚法》第100条的规定，违反治安管理行为事实清楚，证据确凿，处警告或者200元以下罚款的，可以当场作出治安管理处罚决定。可知，公安派出所对治安违法事实清楚的当事人有权作出罚款500元的决定，但不能当场作出，否则违反了治安管理处罚的程序规定。故C选项中的做法违反了程序正当的要求，不违反合法行政的要求，不当选。

根据《行政许可法》第15条第2款的规定，地方性法规和省、自治区、直辖市人民政府规章，不得设定应当由国家统一确定的公民、法人或者其他组织的资格、资质的行政许可；不得设定企业或者其他组织的设立登记及其前置性行政许可。其设定的行政许可，不得限制其他地区的个人或者企业到

本地区从事生产经营和提供服务，不得限制其他地区的商品进入本地区市场。省政府发布规章，要求外地物流公司到本地运输货物应事前得到省交通厅审批，属于设定许可限制外地物流公司到本地运输货物。故 D 选项中的做法违反了合法行政的要求，当选。

2. [考点] 合理行政

   [答案] C

   [解析] 本题问的是法院适用了哪一原则作出判决，因此，法院的审理对象及判决理由就是解析本题的关键。从题干可知，法院的审理对象是市监局罚款 30 万元这一行为，法院的判决是撤销处罚决定，责令市监局重新作出处罚，理由是罚款 30 万元明显不符合过罚相当的要求。合理行政原则的要求之一是比例原则。比例原则包括合目的性、适当性和最小损害。最小损害，是指行政机关在可以采用多种方式实现某一行政目的的情况下，应当采用对当事人权益损害最小的方式，即行政机关能用轻微的方式实现行政目的的，就不能选择使用手段激烈的方式。题目中，法院的判决明确指出，罚款 30 万元明显不符合过罚相当的要求，因此，法院判决适用了合理行政中的比例原则。故 C 选项当选。

3. [考点] 程序正当

   [答案] BC

   [解析] 公安局简化内部办理行政许可的流程，体现的是便利于当事人的原则，即高效便民原则。故 A 选项不当选。

   程序正当原则要求行政机关遵守法律规定的程序要求，具体包括行政公开、公众参与和公务回避。公众参与，是指行政机关在行政管理过程中，应当听取公民、法人和其他组织的意见，特别是在作出对行政相对人不利的规定或者决定时，更要严格遵循法定程序，依法保障行政相对人的参与权。因此，B 选项中，该公安局出台养犬治理措施前听取公众意见，体现了公众参与；C 选项中，该公安局作出吊销许可证决定前告知当事人有权申请听证，也体现了公众参与。故 BC 选项当选。

   D 选项中，该公安局发现其所作出的强制隔离戒毒决定违法的，应当依法承担法律责任。其能主动纠正错误并赔偿当事人损失，体现了权责一致原则中的行政责任要求。故 D 选项不当选。

4. [考点] 程序正当

[答案] AD

[解析] 根据《行政处罚法》第 56 条的规定，行政机关在收集证据时，在证据可能灭失或者以后难以取得的情况下，经行政机关负责人批准，可以先行登记保存。市场监管局行政执法人员未经负责人批准直接对证据先行登记保存，违反了法定程序，违背了程序正当的要求。故 A 选项当选。

根据《行政强制法》第 47 条第 1 款的规定，划拨存款、汇款应当由法律规定的行政机关决定，并书面通知金融机构。由于生态环境局不是法律规定的具有划拨强制执行权的机关，其通知银行划拨某企业的存款以抵缴罚款违反的是合法行政原则的无法不为要求。故 B 选项不当选。

虽然公安派出所拟对王某罚款 500 元的行为不属于《治安管理处罚法》第 98 条规定的法定听证的适用范围，但是公安派出所告知王某可以申请听证，愿意给王某组织听证，从保护被处罚当事人权利的角度分析，该行为不仅不违反法定程序，反而体现了程序正当的要求。故 C 选项不当选。

根据《行政强制法》第 18 条的规定，行政机关实施行政强制措施应当遵守下列规定：……②由 2 名以上行政执法人员实施；……因此，由 1 名交警当场作出扣押的强制措施，违反了法定程序，违背了程序正当的要求。故 D 选项当选。

5. [考点] 信赖保护

[答案] BC

[解析] 信赖保护体现为两个方面：①非因法定事由并经法定程序，行政机关不得撤销、变更已经生效的行政决定。这是存续保护。②因公共利益等法定事由需要撤回、变更行政决定的，应当依照法定权限和程序进行，并对行政相对人因此受到的财产损失予以补偿。这是财产保护。B 选项中，行政机关不得擅自改变已经生效的行政许可，这是对被许可人的存续保护；C 选项中，为了公共利益的需要，行政机关变更或者撤回已经生效的行政许可，对由此给公民、法人或者其他组织造成的财产损失给予补偿，这是对被许可人的财产保护。故 BC 选项当选。

A 选项中，行政处罚与违法行为的事实、性质、情节以及社会危害程度相当，这体现了行政处罚要考虑相关因素，排除无关因素，属于合理行政原则的体现。故 A 选项不当选。

D 选项中，达到行政管理目的时，采用非强制手段优先于行政强制手段，这体现了对当事人的最小损害，属于合理行政原则中的比例原则。故 D 选项不当选。

6. [考点] 行政法基本原则

[答案] ABCD

[解析] A 选项中，卫健委定期公布法定传染病信息，属于行政公开的范围，体现了程序正当原则中的行政公开，而不是诚实守信原则。故 A 选项不正确，当选。

B 选项中，规划局不随意撤回已生效的行政许可，体现了诚实守信原则中的信赖保护，而不是合法行政原则。故 B 选项不正确，当选。

C 选项中，市场监管局执法时平等对待市场主体，体现了合理行政原则中的公平公正，即要求行政机关平等地对待行政管理相对人，不偏私、不歧视，而不是权责统一原则。故 C 选项不正确，当选。

根据《行政强制法》第 26 条第 3 款的规定，因查封、扣押发生的保管费用由行政机关承担。D 选项中，交警队将扣押车辆的停车费用减半收取，违反了合法行政原则。高效便民原则应当以合法行政原则为基础，D 选项未体现高效便民原则。故 D 选项不正确，当选。

第2讲 行政组织

专题 2 行政机构设置与编制管理

7. 2023年3月,中共中央、国务院印发《党和国家机构改革方案》,重新组建科学技术部。科学技术部为国务院组成部门,下列关于科学技术部的哪些说法是正确的?(　　)(多选)

A. 科学技术部有权制定规章

B. 科学技术部的设立由全国人大及其常委会最终决定

C. 科学技术部的职能调整由国务院机构编制管理机关决定

D. 科学技术部拟合并司级内设机构,需由国务院机构编制管理机关提出方案,报国务院决定

[考点] 国务院组成部门的设置;行政立法的制定主体与解释主体;国务院行政机构的司级内设机构设置

8. 国家防汛抗旱总指挥部为国务院议事协调机构。关于该机构,下列哪些说法是不正确的?(　　)(多选)

A. 在特殊或者紧急的情况下,国家防汛抗旱总指挥部可以规定临时性的行政管理措施

B. 国家防汛抗旱总指挥部的设立、撤销或合并,由国务院总理提请全国人大或全国人大常委会决定

C. 国家防汛抗旱总指挥部的编制根据工作需要单独确定

D. 国家防汛抗旱总指挥部设立后,需要对其职能进行调整的,由国家防汛抗旱总指挥部提出方案,报国务院机构编制管理机关批准

[考点] 国务院议事协调机构的职权、法律地位、设置和编制管理

下列哪些行政机构的设置事项，应当经国务院机构编制管理机关审核后，报国务院批准？（　　）（多选）

A. 某省文化厅和旅游厅的合并
B. 某省住房和城乡建设厅增设内设机构
C. 某省卫生厅更名为卫生健康委员会
D. 某省人民政府设立议事协调机构

[考点] 地方政府行政机构的设置

10. 关于行政机构的编制管理，下列哪些说法是错误的？（　　）（多选）

A. 国务院行政机构的编制在国务院行政机构设立时确定
B. 国务院直属机构根据工作需要，可以决定增加或者减少编制
C. 甲省乙市政府的行政编制总额，由乙市政府提出，报甲省政府批准
D. 地方各级政府根据调整职责的需要，可以在行政编制总额内调配使用本地不同层级之间的行政编制

[考点] 行政机构的编制管理

答案及解析

7. [考点] 国务院组成部门的设置；行政立法的制定主体与解释主体；国务院行政机构的司级内设机构设置

[答案] AB

[解析] 根据《立法法》第91条第1款的规定，国务院各部、委员会、中国人民银行、审计署和具有行政管理职能的直属机构以及法律规定的机构，可以根据法律和国务院的行政法规、决定、命令，在本部门的权限范围内，制定规章。因此，科学技术部作为国务院组成部门，有权制定规章。故A选项正确。

根据《国务院行政机构设置和编制管理条例》第7条第2款的规定，国务院组成部门的设立、撤销或者合并由国务院机构编制管理机关提出方案，经国务院常务会议讨论通过后，由国务院总理提请全国人民代表大会决定；在全国人民代表大会闭会期间，提请全国人民代表大会常务委员会决定。因此，科学技术部作为国务院组成部门，其设立由全国人大及其常委会最终决定。故B选项正确。

根据《国务院行政机构设置和编制管理条例》第12条的规定，国务院行政机构设立后，需要对职能进行调整的，由国务院机构编制管理机关提出方案，报国务院决定。因此，需要对科学技术部的职能进行调整的，由国务院决定。故 C 选项错误。

根据《国务院行政机构设置和编制管理条例》第14条的规定，国务院行政机构的司级内设机构的增设、撤销或者合并，经国务院机构编制管理机关审核方案，报国务院批准。国务院行政机构的处级内设机构的设立、撤销或者合并，由国务院行政机构根据国家有关规定决定，按年度报国务院机构编制管理机关备案。因此，科学技术部拟合并司级内设机构，需经国务院机构编制管理机关审核方案，报国务院批准。故 D 选项错误。

8. [考点] 国务院议事协调机构的职权、法律地位、设置和编制管理
[答案] ABCD
[解析] 根据《国务院行政机构设置和编制管理条例》第6条第7款的规定，在特殊或者紧急的情况下，经国务院同意，国务院议事协调机构可以规定临时性的行政管理措施。因此，在特殊或者紧急的情况下，规定临时性的行政管理措施需要国务院同意。故 A 选项说法错误，当选。

根据《国务院行政机构设置和编制管理条例》第11条的规定，国务院议事协调机构的设立、撤销或者合并，由国务院机构编制管理机关提出方案，报国务院决定。因此，国家防汛抗旱总指挥部的设立、撤销或合并由国务院决定，无须提请全国人大或全国人大常委会决定。故 B 选项说法错误，当选。

根据《国务院行政机构设置和编制管理条例》第20条的规定，国务院议事协调机构不单独确定编制，所需要的编制由承担具体工作的国务院行政机构解决。因此，国家防汛抗旱总指挥部设立时不单独确定编制，所需要的编制由承担具体工作的国务院行政机构——应急管理部解决。故 C 选项说法错误，当选。

根据《国务院行政机构设置和编制管理条例》第12条的规定，国务院行政机构设立后，需要对职能进行调整的，由国务院机构编制管理机关提出方案，报国务院决定。因此，国家防汛抗旱总指挥部设立后，需要对其职能进行调整的，由国务院机构编制管理机关提出方案，报国务院决定。故 D 选项说法错误，当选。

9. 考点 地方政府行政机构的设置

答案 AC

解析 根据《地方各级人民政府机构设置和编制管理条例》第9条的规定，地方各级人民政府行政机构的设立、撤销、合并或者变更规格、名称，由本级人民政府提出方案，经上一级人民政府机构编制管理机关审核后，报上一级人民政府批准。省文化厅和旅游厅、省卫生厅均属于省政府的行政机构，其合并或者变更名称应当经国务院机构编制管理机关审核后，报国务院批准。故 AC 选项当选。

根据《地方各级人民政府机构设置和编制管理条例》第13条的规定，县级以上地方各级人民政府行政机构的内设机构的设立、撤销、合并或者变更规格、名称，由该行政机构报本级人民政府机构编制管理机关审批。省住房和城乡建设厅作为省政府的行政机构，其内设机构的增设由省住房和城乡建设厅报请省政府机构编制管理机关审批即可。故 B 选项不当选。

根据《地方各级人民政府机构设置和编制管理条例》第11条第1款的规定，地方各级人民政府设立议事协调机构，应当严格控制；可以交由现有机构承担职能的或者由现有机构进行协调可以解决问题的，不另设立议事协调机构。由此可知，地方各级人民政府的议事协调机构由地方各级人民政府自己设立。因此，省人民政府可设立议事协调机构，无需经国务院机构编制管理机关审核后，报国务院批准。故 D 选项不当选。

10. 考点 行政机构的编制管理

答案 BCD

解析 根据《国务院行政机构设置和编制管理条例》第18条第1款的规定，国务院行政机构的编制在国务院行政机构设立时确定。故 A 选项说法正确，不当选。

根据《国务院行政机构设置和编制管理条例》第19条的规定，国务院行政机构增加或者减少编制，由国务院机构编制管理机关审核方案，报国务院批准。由此可知，国务院直属机构增加或者减少编制，最终需要报国务院批准，国务院直属机构不能自行决定。故 B 选项说法错误，当选。

根据《地方各级人民政府机构设置和编制管理条例》第16条的规定，地方各级人民政府的行政编制总额，由省、自治区、直辖市人民政府提出，经国务院机构编制管理机关审核后，报国务院批准。因此，甲省乙市政府的行政编制总额，应当由甲省政府提出，报国务院批准。故 C 选项说法错误，当选。

根据《地方各级人民政府机构设置和编制管理条例》第 18 条的规定，地方各级人民政府根据调整职责的需要，可以在行政编制总额内调整本级人民政府有关部门的行政编制。但是，在同一个行政区域不同层级之间调配使用行政编制的，应当由省、自治区、直辖市人民政府机构编制管理机关报国务院机构编制管理机关审批。因此，地方各级政府要调配使用本地不同层级之间的行政编制的，应当由省级政府机构编制管理机关报国务院机构编制管理机关审批。故 D 选项说法错误，当选。

第3讲 公务员

专题 3 公务员制度

11. 王某经过考试成为某县财政局新录用的公务员，但因试用期满不合格被取消录用。下列哪些说法是错误的？（　　）（多选）

　　A. 王某的试用期由该县财政局在1~12个月之间确定

　　B. 王某可以向人事争议仲裁委员会申请仲裁

　　C. 王某不得再被录用为公务员

　　D. 若王某试用期满考核合格，则该县财政局予以聘任

[考 点] 公务员的录用

12. 孙某为某县公安局的聘任制公务员，双方签订聘任合同。下列哪些说法是错误的？（　　）（多选）

　　A. 聘任合同需经省公务员主管部门批准

　　B. 涉及国家秘密职位的聘任合同需经省公务员主管部门批准

　　C. 聘任合同约定孙某的试用期为12个月

　　D. 如孙某与该机关因履行聘任合同发生争议，可以申请劳动仲裁

[考 点] 公务员的聘任

13. 关于某县公安局聘任公务员，下列做法正确的是：（　　）（任选）

　　A. 该县公安局聘任公务员，须参照公务员考试录用程序进行公开招聘

　　B. 该县公安局与所聘任的公务员实行协议工资制

　　C. 该县公安局聘任公务员的合同期限为6年

D. 该县公安局按照《公务员法》和聘任合同对聘任制公务员进行管理

[考点] 公务员的聘任

14. 关于公务员，下列哪些选项是不正确的？（　　）（多选）

A. 公务员为发挥个人专长可在机关外兼职，但应当经有关机关批准，并不得领取兼职报酬

B. 公务员在年度考核中被确定为不称职的，按照规定程序降低一个职务或者职级层次任职，同时按规定降低级别

C. 领导成员因工作严重失误、失职造成重大损失或者恶劣社会影响的，应引咎辞去公职

D. 在涉及国家秘密等特殊职位任职的公务员，不得辞去公职

[考点] 公务员的管理

15. 某市财政局局长李某因违反财经纪律和玩忽职守被给予撤职和记过处分。关于李某的处分，下列哪一说法是正确的？（　　）（单选）

A. 处分期为36个月

B. 处分决定应当以书面形式通知李某，自送达之日起生效

C. 若李某在受处分期间表现突出，可以晋升工资档次

D. 李某的撤职处分被解除后，其职务和级别均不能恢复

[考点] 行政处分的并处、处分期和解除

16. 下列哪些情形不违反《公务员法》的规定？（　　）（多选）

A. 市住建委科员王某在被辞退后的2年内在该市从事房地产经营活动

B. 县长张某应引咎辞职而本人不提出辞职的，应当责令其辞去公职

C. 赵某是市药品监督管理局局长，其侄子在该市从事药品经营

D. 市应急管理局因工作急需聘任刘某为该局公务员

[考点] 公务员的职位管理

17. 下列哪些做法违反了《公务员法》的回避规定？（　　）（多选）

A. 张某担任家乡所在省的省长

B. 某市房地产管理局局长沈某之子在该市开办公司从事房地产开发

C. 李某是某省民政厅厅长，其妻任该厅财务处科员

D. 钱某是某市规划局局长，其妻担任该市文化局局长

[考点] 公务员的回避

18. 下列哪一做法符合《公务员法》的规定？（　　）（单选）

A. 新录用的公务员试用期满不合格的，予以辞退

B. 根据工作需要和领导职务与职级的对应关系，公务员担任的领导职务和职级可以互相转任、兼任

C. 公务员被辞退的，不得再次被录用为公务员

D. 国有企业、高等院校和科研院所中从事公务的人员，可以调入机关担任主任科员以下职级

[考点] 公务员的录用、职务与职级、交流

答案及解析

11. [考点] 公务员的录用

[答案] ABCD

[解析] 根据《公务员法》第34条的规定，新录用的公务员试用期为1年。试用期满合格的，予以任职；不合格的，取消录用。由此可知，公务员的试用期是法定1年，而不是由用人单位自行决定。故A选项说法错误，当选。公务员试用期满考核合格的，应当是予以"任职"，属于"委任"，而不是"聘任"。故D选项说法错误，当选。

根据《公务员法》第95条第1款的规定，公务员对涉及本人的下列人事处理不服的，可以自知道该人事处理之日起30日内向原处理机关申请复核；对复核结果不服的，可以自接到复核决定之日起15日内，按照规定向同级公务员主管部门或者作出该人事处理的机关的上一级机关提出申诉；也可以不经复核，自知道该人事处理之日起30日内直接提出申诉；……②辞退或者取消录用；……由此可知，王某被取消录用的，可以申请复核或申诉，而不是向人事争议仲裁委员会申请仲裁。故B选项说法错误，当选。

根据《公务员法》第26条的规定，下列人员不得录用为公务员：①因犯罪受过刑事处罚的；②被开除中国共产党党籍的；③被开除公职的；④被依法列为失信联合惩戒对象的；⑤有法律规定不得录用为公务员的其他

情形的。以上五种情形中并不包括"因试用期满不合格被取消录用"。故 C 选项说法错误，当选。

12. [考点] 公务员的聘任

[答案] ABD

[解析] 根据《公务员法》第 102 条第 2 款的规定，聘任合同的签订、变更或者解除，应当报同级公务员主管部门备案。由此可知，聘任合同应当报同级公务员主管部门备案，而无须报省公务员主管部门批准。故 A 选项说法错误，当选。

根据《公务员法》第 100 条的规定，机关根据工作需要，经省级以上公务员主管部门批准，可以对专业性较强的职位和辅助性职位实行聘任制。上述职位涉及国家秘密的，不实行聘任制。由此可知，涉及国家秘密的职位，不实行聘任制。故 B 选项说法错误，当选。

根据《公务员法》第 103 条第 2 款的规定，聘任合同期限为 1~5 年。聘任合同可以约定试用期，试用期为 1~12 个月。由此可知，聘任制公务员的试用期最长为 12 个月。故 C 选项说法正确，不当选。

聘任制公务员的救济途径不同于一般公务员。根据《公务员法》第 105 条的规定，聘任制公务员与所在机关之间因履行聘任合同发生争议的，可以自争议发生之日起 60 日内申请仲裁。省级以上公务员主管部门根据需要设立人事争议仲裁委员会，受理仲裁申请。人事争议仲裁委员会由公务员主管部门的代表、聘用机关的代表、聘任制公务员的代表以及法律专家组成。当事人对仲裁裁决不服的，可以自接到仲裁裁决书之日起 15 日内向人民法院提起诉讼。仲裁裁决生效后，一方当事人不履行的，另一方当事人可以申请人民法院执行。因此，如孙某与所在机关因履行聘任合同发生争议，孙某可以向人事争议仲裁委员会申请人事仲裁，而不是申请劳动仲裁。故 D 选项说法错误，当选。

13. [考点] 公务员的聘任

[答案] BD

[解析] 聘任制公务员的录用程序不同于一般公务员。根据《公务员法》第 101 条第 1 款的规定，机关聘任公务员可以参照公务员考试录用的程序进行公开招聘，也可以从符合条件的人员中直接选聘。该县公安局聘任公务员，

既可以参照公务员考试录用的程序进行公开招聘，也可以从符合条件的人员中直接选聘。故 A 选项错误。

根据《公务员法》第 103 条第 3 款的规定，聘任制公务员实行协议工资制，具体办法由中央公务员主管部门规定。据此，该县公安局与所聘任的公务员实行协议工资制。故 B 选项正确。

根据《公务员法》第 103 条第 2 款的规定，聘任合同期限为 1~5 年。聘任合同可以约定试用期，试用期为 1~12 个月。由此可知，聘任公务员的合同期限最短不得少于 1 年，最长不得超过 5 年，该县公安局聘任公务员的合同期限为 6 年，超过了 5 年的最长期限。故 C 选项错误。

聘任制公务员的管理依据不同于一般公务员。根据《公务员法》第 104 条的规定，机关依据本法和聘任合同对所聘公务员进行管理。因此，该县公安局不仅应按照《公务员法》对聘任制公务员进行管理，还应当按照聘任合同对聘任制公务员进行管理。故 D 选项正确。

14. [考点] 公务员的管理

[答案] ABC

[解析] 根据《公务员法》第 44 条的规定，公务员因工作需要在机关外兼职，应当经有关机关批准，并不得领取兼职报酬。由此可知，公务员在机关外兼职，应是为了工作需要而不是发挥个人专长。故 A 选项说法不正确，当选。

根据《公务员法》第 50 条第 2 款的规定，公务员在年度考核中被确定为不称职的，按照规定程序降低一个职务或者职级层次任职。由此可知，公务员在年度考核中被确定为不称职的，需降职，而无需降低级别。另外注意，根据《公务员法》第 64 条第 3 款的规定，受撤职处分的，按照规定降低级别。故 B 选项说法不正确，当选。

根据《公务员法》第 87 条第 3 款的规定，领导成员因工作严重失误、失职造成重大损失或者恶劣社会影响的，或者对重大事故负有领导责任的，应当引咎辞去领导职务。由此可知，领导成员应当引咎辞去领导职务，而不是引咎辞去公职，辞去领导职务的领导成员仍然具有公务员身份。故 C 选项说法不正确，当选。

根据《公务员法》第 86 条第 2 项的规定，在涉及国家秘密等特殊职位任职或者离开上述职位不满国家规定的脱密期限的公务员，不得辞去公职。故 D 选项说法正确，不当选。

15. [考点] 行政处分的并处、处分期和解除

[答案] D

[解析] 根据《行政机关公务员处分条例》第10条第1款的规定，行政机关公务员同时有2种以上需要给予处分的行为的，应当分别确定其处分。应当给予的处分种类不同的，执行其中最重的处分。因此，某市财政局局长李某因违反财经纪律和玩忽职守被给予撤职和记过处分的，对其执行撤职处分。根据《公务员法》第64条第2款的规定，受处分的期间为：警告，6个月；记过，12个月；记大过，18个月；降级、撤职，24个月。因此，李某的处分期为24个月。故 A 选项说法错误。

根据《公务员法》第63条第3款的规定，处分决定机关认为对公务员应当给予处分的，应当在规定的期限内，按照管理权限和规定的程序作出处分决定。处分决定应当以书面形式通知公务员本人。根据《行政机关公务员处分条例》第46条的规定，处分决定、解除处分决定自作出之日起生效。因此，对李某作出的处分决定应当以书面形式通知李某，处分决定自作出之日起生效。故 B 选项说法错误。

根据《公务员法》第64条第1款的规定，公务员在受处分期间不得晋升职务、职级和级别，其中受记过、记大过、降级、撤职处分的，不得晋升工资档次。因此，对李某执行撤职处分，在受处分期间不得晋升工资档次。故 C 选项说法错误。

根据《公务员法》第65条第2款的规定，解除处分后，晋升工资档次、级别和职务、职级不再受原处分的影响。但是，解除降级、撤职处分的，不视为恢复原级别、原职务、原职级。因此，李某的撤职处分被解除后，其职务和级别均不能恢复。故 D 选项说法正确。

16. [考点] 公务员的职位管理

[答案] AC

[解析] 根据《公务员法》第107条第1款的规定，公务员辞去公职或者退休的，原系领导成员、县处级以上领导职务的公务员在离职3年内，其他公务员在离职2年内，不得到与原工作业务直接相关的企业或者其他营利性组织任职，不得从事与原工作业务直接相关的营利性活动。由此可知，公务员"辞去公职"和"退休"有离职后的从业限制，而针对"被辞退"的公务员，没有离职后的从业限制。故 A 选项中的情形不违反《公务员法》的规定，当选。

根据《公务员法》第87条第4款的规定，领导成员因其他原因不再适合担任现任领导职务的，或者应当引咎辞职本人不提出辞职的，应当责令其辞去领导职务。可见，领导成员应当引咎辞职而本人不提出辞职的，应当责令其辞去"领导职务"，而不是辞去"公职"。故B选项中的情形违反了《公务员法》的规定，不当选。

根据《公务员法》第74条第2款的规定，公务员不得在其配偶、子女及其配偶经营的企业、营利性组织的行业监管或者主管部门担任领导成员。题目中，赵某是市药品监督管理局局长，其配偶、子女及其配偶不得在该市从事药品经营，但并不限制其侄子在该市从事药品经营。故C选项中的情形不违反《公务员法》的规定，当选。

根据《公务员法》第100条第1款的规定，机关根据工作需要，经省级以上公务员主管部门批准，可以对专业性较强的职位和辅助性职位实行聘任制。由此可知，只有专业性较强的职位和辅助性职位可以实行聘任制，急需工作人员的职位不实行聘任制。故D选项中的情形违反了《公务员法》的规定，不当选。

17. [考 点] 公务员的回避

[答 案] BCD

[解 析] 根据《公务员法》第75条的规定，公务员担任乡级机关、县级机关、设区的市级机关及其有关部门主要领导职务的，应当按照有关规定实行地域回避。由此可知，张某担任家乡所在省的省长不违反《公务员法》的地域回避规定。故A选项不当选。

根据《公务员法》第74条第2款的规定，公务员不得在其配偶、子女及其配偶经营的企业、营利性组织的行业监管或者主管部门担任领导成员。由此可知，沈某之子在该市开办公司从事房地产开发，沈某担任该市房地产管理局局长违反了《公务员法》的回避规定。故B选项当选。

根据《公务员法》第74条第1款的规定，公务员之间有夫妻关系、直系血亲关系、三代以内旁系血亲关系以及近姻亲关系的，不得在同一机关双方直接隶属于同一领导人员的职位或者有直接上下级领导关系的职位工作，也不得在其中一方担任领导职务的机关从事组织、人事、纪检、监察、审计和财务工作。由此可知，公务员之间有夫妻关系的，不得在其中一方担任领导职务的机关从事财务工作。因此，李某任职省民政厅厅长，其妻任该厅财务处科员，违反了"公务员之间有夫妻关系的，不得在其中一方担任领导职务的机关从事财务工作"的回避规定。故C选项当选。

根据《公务员法》第74条第1款的规定，公务员之间有夫妻关系、直系血亲关系、三代以内旁系血亲关系以及近姻亲关系的，不得在同一机关双方直接隶属于同一领导人员的职位或者有直接上下级领导关系的职位工作，也不得在其中一方担任领导职务的机关从事组织、人事、纪检、监察、审计和财务工作。市规划局局长和市文化局局长都属于市政府组成人员，是直接隶属于市长的职位。钱某是市规划局局长，其妻担任市文化局局长，违反了"公务员之间有夫妻关系的，不得在同一机关双方直接隶属于同一领导人员的职位工作"的回避规定。故D选项当选。

18. [考点] 公务员的录用、职务与职级、交流

[答案] B

[解析] 根据《公务员法》第34条的规定，新录用的公务员试用期为1年。试用期满合格的，予以任职；不合格的，取消录用。由此可知，新录用的公务员试用期满不合格的，取消录用，而不是予以辞退。故A选项不当选。

根据《公务员法》第21条第2款的规定，根据工作需要和领导职务与职级的对应关系，公务员担任的领导职务和职级可以互相转任、兼任；符合规定资格条件的，可以晋升领导职务或者职级。故B选项当选。

根据《公务员法》第26条的规定，下列人员不得录用为公务员：①因犯罪受过刑事处罚的；②被开除中国共产党党籍的；③被开除公职的；④被依法列为失信联合惩戒对象的；⑤有法律规定不得录用为公务员的其他情形的。由此可知，《公务员法》并不禁止录用被辞退的公务员。故C选项不当选。

根据《公务员法》第19条第2款的规定，综合管理类公务员职级序列分为：一级巡视员、二级巡视员、一级调研员、二级调研员、三级调研员、四级调研员、一级主任科员、二级主任科员、三级主任科员、四级主任科员、一级科员、二级科员。根据《公务员法》第70条第1款的规定，国有企业、高等院校和科研院所以及其他不参照本法管理的事业单位中从事公务的人员，可以调入机关担任领导职务或者四级调研员以上及其他相当层次的职级。由此可知，国有企业、高等院校和科研院所中从事公务的人员，可以调入机关担任四级调研员以上职级，而不是主任科员以下职级。故D选项不当选。

第4讲 抽象行政行为

专题 4 行政立法与其他规范性文件

19. 《国家重点建设项目管理办法》于1996年6月3日经国务院批准,1996年6月14日由国家计划委员会发布,2011年1月8日根据国务院令第588号修订。该办法属于哪一性质的规范?(　　)(单选)

　　A. 行政法规　　　　　　　　B. 国务院的决定
　　C. 部门规章　　　　　　　　D. 一般规范性文件

[考点] 行政法规的制定权限

20. 关于行政法规的起草和审查,下列哪些说法是正确的?(　　)(多选)

　　A. 起草行政法规应当弘扬社会主义核心价值观
　　B. 起草行政法规应当体现行政机关职权与责任相统一的原则
　　C. 行政法规送审稿由国务院法制机构负责审查
　　D. 如制定行政法规的基本条件不成熟,行政法规送审稿应当退回起草单位

[考点] 行政法规的起草与审查

21. 下列关于行政法规的说法,不正确的是:(　　)(任选)

　　A. 紧急情况下,行政法规可以由司法部制定,报国务院批准
　　B. 某省政府认为需要制定行政法规的,可以向国务院报请立项
　　C. 国务院法制机构对有关部门报送的立项申请进行汇总研究,制定国务院年度立法工作计划
　　D. 行政法规应当由国务院法制机构报请全国人大常委会备案

[考点] 行政法规的制定主体与程序

22. 关于省政府规章，下列哪些说法是正确的？（　　）（多选）

A. 省政府可以向社会公开征集规章制定项目建议

B. 省政府法制机构应当对制定规章的立项申请进行汇总研究，制定省政府年度规章制定工作计划

C. 省政府年度规章制定工作计划应当明确规章的名称、起草单位、完成时间

D. 省政府规章与部门规章之间对同一事项的规定不一致时，由国务院最终裁决

[考点] 地方政府规章的立项与效力

23. 有关地方政府规章，下列哪一说法是正确的？（　　）（单选）

A. 不设区的市人民政府都无权制定地方政府规章

B. 地方政府规章的名称一般称"条例""规定""办法"

C. 地方政府规章内容不适当的，国务院应当予以改变或者撤销

D. 地方政府规章只能针对城乡建设与管理、生态文明建设、历史文化保护、基层治理等方面的事项立法

[考点] 地方政府规章的制定主体和监督

24. 有关行政立法的备案，下列说法正确的是：（　　）（任选）

A. 部门规章公布后，由部门办公厅报请备案

B. 省人民政府规章公布后，由省人民政府办公厅报请备案

C. 部门规章和地方政府规章公布后都应当报国务院备案

D. 行政法规和规章都应当在公布后的 30 日内报请备案

[考点] 行政法规和规章的备案

25. 有关行政法规和规章的制定和解释，下列说法正确的是：（　　）（任选）

A. 起草行政法规和规章应当广泛听取有关机关、组织和公民的意见

B. 行政法规和规章应当自公布之日起 30 日后施行

C. 行政法规和规章公布后应当及时在全国范围内发行的有关报纸上刊登

D. 行政法规的解释与行政法规具有同等效力，规章的解释与规章具有同等效力

[考点] 行政法规和规章的制定与解释

答案及解析

19. [考点] 行政法规的制定权限

[答案] A

[解析] 根据《立法法》第72条第1款的规定，国务院根据宪法和法律，制定行政法规。根据《行政法规制定程序条例》的规定，行政法规须经法定程序立项、起草、审查、决定、公布，特别是须经国务院总理签署国务院令公布施行。因此，就一般情形而言，经由国务院批准、国务院部门公布的规范性文件不属于行政法规，而属于部门规章。但是，《关于审理行政案件适用法律规范问题的座谈会纪要》指出，考虑建国后我国立法程序的沿革情况，现行有效的行政法规有以下三种类型：①国务院制定并公布的行政法规。②《立法法》施行以前，按照当时有效的行政法规制定程序，经国务院批准、由国务院部门公布的行政法规。但在《立法法》施行以后，经国务院批准、由国务院部门公布的规范性文件，不再属于行政法规。③在清理行政法规时由国务院确认的其他行政法规。题目中的《国家重点建设项目管理办法》是1996年经国务院批准、由国家计划委员会（注：国家计划委员会为国务院组成部门，后改组为国家发展和改革委员会）发布的，属于2000年《立法法》施行以前，按照当时有效的行政法规制定程序，经国务院批准、由国务院部门公布的行政法规。故A选项当选，BCD选项不当选。

20. [考点] 行政法规的起草与审查

[答案] ABC

[解析] 根据《行政法规制定程序条例》第12条第1项的规定，起草行政法规，应当符合本条例第3、4条的规定，并符合弘扬社会主义核心价值观的要求。因此，起草行政法规应当弘扬社会主义核心价值观。故A选项说法正确。

另外，行政法的基本原则之一是权责统一，根据《行政法规制定程序条例》第12条第5项的规定，起草行政法规应当符合的要求之一就是体现行政机关的职权与责任相统一的原则。故B选项说法正确。

根据《行政法规制定程序条例》第18条第1款的规定，报送国务院的行政法规送审稿，由国务院法制机构负责审查。由此可知，行政法规送审稿的审查主体是国务院法制机构。故C选项说法正确。

根据《行政法规制定程序条例》第19条第1项的规定，行政法规送审稿属于制定行政法规的基本条件尚不成熟或者发生重大变化的，国务院法制机构可以缓办或者退回起草部门。由此可知，制定行政法规的基本条件尚不成熟的，法制机构既可以缓办，也可以将行政法规送审稿退回起草单位，并非应将行政法规送审稿退回起草单位。故D选项说法错误。

21. [考点] 行政法规的制定主体与程序

[答案] ABCD

[解析] 根据《立法法》第72条第1款的规定，国务院根据宪法和法律，制定行政法规。由此可知，行政法规由国务院制定，司法部无权制定。故A选项说法不正确，当选。

根据《立法法》第73条第2款的规定，国务院有关部门认为需要制定行政法规的，应当向国务院报请立项。由此可知，向国务院报请立项的主体是国务院有关部门，而非国务院的下级政府。故B选项说法不正确，当选。

根据《立法法》第73条第1款的规定，国务院法制机构应当根据国家总体工作部署拟订国务院年度立法计划，报国务院审批。根据《行政法规制定程序条例》第9条第1款的规定，国务院法制机构应当根据国家总体工作部署，对行政法规立项申请和公开征集的行政法规制定项目建议进行评估论证，突出重点，统筹兼顾，拟订国务院年度立法工作计划，报党中央、国务院批准后向社会公布。由此可知，国务院法制机构"拟订"国务院年度立法工作计划，而不是"制定"。故C选项说法不正确，当选。

根据《行政法规制定程序条例》第30条的规定，行政法规在公布后的30日内由国务院办公厅报全国人民代表大会常务委员会备案。由此可知，行政法规是由"国务院办公厅"报请备案，而不是"国务院法制机构"。故D选项说法不正确，当选。

22. [考点] 地方政府规章的立项与效力

[答案] ACD

【解析】根据《规章制定程序条例》第10条第3款的规定，国务院部门，省、自治区、直辖市和设区的市、自治州的人民政府，可以向社会公开征集规章制定项目建议。故A选项说法正确。

根据《规章制定程序条例》第12条第1款的规定，国务院部门法制机构，省、自治区、直辖市和设区的市、自治州的人民政府法制机构，应当对制定规章的立项申请和公开征集的规章制定项目建议进行评估论证，拟订本部门、本级人民政府年度规章制定工作计划，报本部门、本级人民政府批准后向社会公布。省政府法制机构应当对制定规章的立项申请进行汇总研究，只能"拟订"省政府年度规章制定工作计划，而不是"制定"。故B选项说法错误。

根据《规章制定程序条例》第12条第2款的规定，年度规章制定工作计划应当明确规章的名称、起草单位、完成时间等。因此，省政府年度规章制定工作计划应当明确规章的名称、起草单位、完成时间。故C选项说法正确。

根据《立法法》第106条第1款第3项的规定，部门规章之间、部门规章与地方政府规章之间对同一事项的规定不一致时，由国务院裁决。由此可知，省政府规章与部门规章之间对同一事项的规定不一致时，由国务院裁决，国务院的裁决为最终裁决。故D选项说法正确。

23.

[考 点] 地方政府规章的制定主体和监督

[答 案] C

【解析】根据《立法法》第93条第1款的规定，省、自治区、直辖市和设区的市、自治州的人民政府，可以根据法律、行政法规和本省、自治区、直辖市的地方性法规，制定规章。由此可知，设区的市的人民政府都有权制定地方政府规章。根据2015年3月15日施行的《全国人民代表大会关于修改〈中华人民共和国立法法〉的决定》和2023年3月15日施行的《全国人民代表大会关于修改〈中华人民共和国立法法〉的决定》的规定，广东省东莞市和中山市、甘肃省嘉峪关市、海南省三沙市和儋州市，比照适用《立法法》有关赋予设区的市地方立法权的规定。由此可知，广东省东莞市和中山市、甘肃省嘉峪关市、海南省儋州市的人民政府作为不设区的市的人民政府（2020年4月18日，经国务院批准，海南省三沙市设立西沙区、南沙区，三沙市人民政府作为设区的市的人民政府），也有权制定地方政府规章。故 A 选项说法错误。

根据《规章制定程序条例》第 7 条的规定，规章的名称一般称"规定""办法"，但不得称"条例"。故 B 选项说法错误。

根据《立法法》第 108 条的规定，改变或者撤销法律、行政法规、地方性法规、自治条例和单行条例、规章的权限是：……③国务院有权改变或者撤销不适当的部门规章和地方政府规章；……由此可知，地方政府规章内容不适当的，国务院应当予以改变或者撤销。故 C 选项说法正确。

根据《立法法》第 93 条第 3 款的规定，设区的市、自治州的人民政府根据本条第 1 款、第 2 款制定地方政府规章，限于城乡建设与管理、生态文明建设、历史文化保护、基层治理等方面的事项。已经制定的地方政府规章，涉及上述事项范围以外的，继续有效。由此可知，针对城乡建设与管理、生态文明建设、历史文化保护、基层治理等方面的事项立法是对"设区的市、自治州的人民政府"制定地方政府规章的要求，而不包括"省、自治区、直辖市人民政府"制定地方政府规章。故 D 选项说法错误。

24. [考点] 行政法规和规章的备案

[答案] CD

[解析] 根据《规章制定程序条例》第 34 条的规定，规章应当自公布之日起 30 日内，由法制机构依照《立法法》和《法规规章备案条例》的规定向有关机关备案。因此，部门规章公布后，由"部门法制机构"报请备案，而非"部门办公厅"；省人民政府规章公布后，由"省人民政府法制机构"报请备案，而非"省人民政府办公厅"。故 AB 选项说法错误。

根据《立法法》第 109 条第 4 项的规定，部门规章和地方政府规章报国务院备案；地方政府规章应当同时报本级人民代表大会常务委员会备案；设区的市、自治州的人民政府制定的规章应当同时报省、自治区的人民代表大会常务委员会和人民政府备案。由此可知，部门规章和地方政府规章公布后都应当报国务院备案。故 C 选项说法正确。

根据《行政法规制定程序条例》第 30 条的规定，行政法规在公布后的 30 日内由国务院办公厅报全国人民代表大会常务委员会备案。根据《规章制定程序条例》第 34 条的规定，规章应当自公布之日起 30 日内，由法制机构依照《立法法》和《法规规章备案条例》的规定向有关机关备案。因此，行政法规和规章都应当在公布后的 30 日内报请备案。故 D 选项说法正确。

25. [考点] 行政法规和规章的制定与解释

[答案] AD

[解析] 根据《行政法规制定程序条例》第13条第1款的规定，起草行政法规，起草部门应当深入调查研究，总结实践经验，广泛听取有关机关、组织和公民的意见。根据《规章制定程序条例》第15条第1款的规定，起草规章，应当深入调查研究，总结实践经验，广泛听取有关机关、组织和公民的意见。由此可知，起草行政法规和规章应当广泛听取有关机关、组织和公民的意见。故A选项说法正确。

根据《行政法规制定程序条例》第29条的规定，行政法规应当自公布之日起30日后施行；但是，涉及国家安全、外汇汇率、货币政策的确定以及公布后不立即施行将有碍行政法规施行的，可以自公布之日起施行。根据《规章制定程序条例》第32条的规定，规章应当自公布之日起30日后施行；但是，涉及国家安全、外汇汇率、货币政策的确定以及公布后不立即施行将有碍规章施行的，可以自公布之日起施行。因此，行政法规和规章一般应当自公布之日起30日后施行；但是，涉及国家安全、外汇汇率、货币政策的确定以及公布后不立即施行将有碍行政法规和规章施行的，可以自公布之日起施行。故B选项说法错误。

根据《立法法》第78条第1款的规定，行政法规签署公布后，及时在国务院公报和中国政府法制信息网以及在全国范围内发行的报纸上刊载。根据《立法法》第97条第1、2款的规定，部门规章签署公布后，及时在国务院公报或者部门公报和中国政府法制信息网以及在全国范围内发行的报纸上刊载。地方政府规章签署公布后，及时在本级人民政府公报和中国政府法制信息网以及在本行政区域范围内发行的报纸上刊载。由此可知，行政法规和部门规章签署公布后要求在全国范围内发行的报纸上刊登；地方政府规章签署公布后要求在本行政区域范围内发行的报纸上刊登，并不要求在全国范围内发行的报纸上刊登。故C选项说法错误。

根据《行政法规制定程序条例》第31条第3款的规定，行政法规的解释与行政法规具有同等效力。根据《规章制定程序条例》第33条第4款的规定，规章的解释同规章具有同等效力。故D选项说法正确。

第5讲 具体行政行为

专题 5 具体行政行为概述

26. 行政机关所实施的下列行为中，属于具体行政行为的是：（　　）（任选）
    A. 某区政府为了安置灾民而与某酒店签订征用补偿协议
    B. 某县交通局向社会发布通知：凡外地车辆进入本县区域，一律办理特别通行证
    C. 某市政府发布通告：凡在本通告附件所列名单中的高污染企业，一律停产3个月
    D. 某区公安分局以刁某等人聚众打麻将赌博为由，将麻将桌等物品砸毁
    [考点] 具体行政行为的判断

27. 下列哪些行为不属于具体行政行为？（　　）（多选）
    A. 交通运输局对网约车公司进行约谈
    B. 公安局对汽车被盗案件不予立案
    C. 市场监管局对经营者和消费者的消费纠纷进行调解，双方达成协议
    D. 市政府确定全市土地征收补偿标准
    [考点] 具体行政行为的判断

28. 某市城市综合执法局执法人员在巡查过程中发现某商店未经批准正在安装户外广告，执法人员将安装工人使用的梯子抽走，安装工人随后在下滑过程中失手坠落死亡。执法人员抽走梯子的行为属于：（　　）（任选）
    A. 具体行政行为　　　　　　　B. 行政事实行为
    C. 行政强制执行　　　　　　　D. 行政处罚行为
    [考点] 具体行政行为的概念

具体行政行为的效力，下列哪些说法是正确的？（　　）（多选）

A. 具体行政行为一经成立就立即生效，但附条件生效的除外
B. 行政复议期间具体行政行为停止执行，属于具体行政行为效力的终止
C. 具体行政行为效力的终止既存在有违法因素的终止，也存在没有违法因素的终止
D. 行政强制执行是实现具体行政行为执行力的制度保障

[考　点] 具体行政行为的效力

30. 关于具体行政行为的撤销和撤回，下列哪些说法是不正确的？（　　）（多选）

A. 可撤销的具体行政行为，当事人可以不受其约束
B. 具体行政行为被撤回的，行政机关应将撤回行政行为前给予当事人的利益收回
C. 因具体行政行为撤回致使当事人的合法权益受到损失的，应给予当事人赔偿
D. 违法具体行政行为致使当事人的合法权益受到损失的，该行为被撤销后应给予当事人补偿

[考　点] 具体行政行为的撤销和撤回

31. 关于具体行政行为的效力与合法性，下列说法正确的是：（　　）（任选）

A. 具体行政行为不再争议、不得更改、不可撤销属于具体行政行为的拘束力
B. 提起行政诉讼会导致具体行政行为丧失拘束力
C. 行使行政职权的主体合法是具体行政行为合法的必要条件
D. 超越法定职权是具体行政行为构成违法的独立理由

[考　点] 具体行政行为的效力与合法性

答案及解析

26. [考　点] 具体行政行为的判断

[答　案] C

[解　析] 具体行政行为是单方行为，区别于行政协议，行政协议是双方性的行政行为。行政协议，是指行政机关为实现公共利益或者行政管理目标，在法定职责范围内，与公民、法人、其他组织协商订立的具有行政法上权利

39. 关于规章,下列哪些选项是正确的?(　　)(多选)

　　A. 规章可以授权具有管理公共事务职能的组织实施行政许可

　　B. 规章可以在法律设定的行政许可事项范围内,对实施该行政许可作出具体规定

　　C. 行政机关对行政许可事项进行监督检查,不得收取任何费用。规章另有规定的,依照其规定

　　D. 被许可人需要延续行政许可的有效期的,应当在有效期届满30日前提出申请。规章另有规定的,依照其规定

[考 点] 行政许可的设定、费用和延续

答案及解析

32. [考 点] 行政许可的概念

[答 案] BD

[解 析] 行政确认,是指行政主体依法对行政相对人的法律地位、法律关系或有关法律事实进行甄别,给予确定、认定、证明并予以宣告的具体行政行为。人社局对闫某死亡作出的工伤认定属于行政确认,不适用《行政许可法》。故A选项不当选。

　　根据《公司法》第29条第1款的规定,公司的设立登记的法律效力是使公司取得法人资格,进而取得从事经营活动的合法身份。根据《行政许可法》第2条、第12条第5项的规定,公司的设立登记是符合《行政许可法》规定的行政许可——"行政机关根据公民、法人或者其他组织的申请,经依法审查,准予其从事特定活动"。市场监管局对李某的加工厂进行公司登记属于行政许可,适用《行政许可法》的规定。故B选项当选。

　　消防验收备案是公安机关消防机构对需要进行消防设计的建设工程进行抽查后认定是否合格的行政行为,一旦消防设施被消防机构评定为合格,那就视为消防机构在事实上确认了消防工程质量合格。市公安消防支队对某建设单位设置的消防栓作出《建设工程消防验收备案结果通知》,是对消防工程竣工验收是否合格的评定,属于行政确认,不适用《行政许可法》的规定。故C选项不当选。

　　根据《行政许可法》第3条第2款的规定,有关行政机关对其他机关或者对其直接管理的事业单位的人事、财务、外事等事项的审批,不适用

本法。省公安厅对某高校教师出国护照的审批不属于有关行政机关对其他机关或者对其直接管理的事业单位的人事、财务、外事等事项的审批，因此，应当适用《行政许可法》的规定。故 D 选项当选。

33.
[考点] 行政许可的设定
[答案] ACD
[解析] 根据《行政许可法》第 14 条的规定，本法第 12 条所列事项，法律可以设定行政许可。尚未制定法律的，行政法规可以设定行政许可。必要时，国务院可以采用发布决定的方式设定行政许可。实施后，除临时性行政许可事项外，国务院应当及时提请全国人民代表大会及其常务委员会制定法律，或者自行制定行政法规。根据《行政许可法》第 15 条第 1 款的规定，本法第 12 条所列事项，尚未制定法律、行政法规的，地方性法规可以设定行政许可；尚未制定法律、行政法规和地方性法规的，因行政管理的需要，确需立即实施行政许可的，省、自治区、直辖市人民政府规章可以设定临时性的行政许可。临时性的行政许可实施满 1 年需要继续实施的，应当提请本级人民代表大会及其常务委员会制定地方性法规。根据《行政许可法》第 17 条的规定，除本法第 14、15 条规定的外，其他规范性文件一律不得设定行政许可。由此可知，法律、行政法规、国务院决定、地方性法规、省级地方政府规章可以设定行政许可，某自治区首府所在地的市政府制定的规章不得设定行政许可。故 A 选项说法不正确，当选。

根据《行政许可法》第 15 条第 1 款的规定，本法第 12 条所列事项，尚未制定法律、行政法规的，地方性法规可以设定行政许可；尚未制定法律、行政法规和地方性法规的，因行政管理的需要，确需立即实施行政许可的，省、自治区、直辖市人民政府规章可以设定临时性的行政许可。临时性的行政许可实施满 1 年需要继续实施的，应当提请本级人民代表大会及其常务委员会制定地方性法规。由此可知，某省会所在地的市人大制定的地方性法规，可以在尚未制定法律、行政法规时设定行政许可。故 B 选项说法正确，不当选。

根据《行政许可法》第 15 条第 2 款的规定，地方性法规和省、自治区、直辖市人民政府规章，不得设定应当由国家统一确定的公民、法人或者其他组织的资格、资质的行政许可；不得设定企业或者其他组织的设立登记及其前置性行政许可。其设定的行政许可，不得限制其他地区的个人或者企业到本地区从事生产经营和提供服务，不得限制其他地区的商品进入本地区市场。由此可知，某自治区政府规章不得设定企业的设立登记及其前置性行政许可。故 C 选项说法不正确，当选。

根据《行政许可法》第 21 条的规定，省、自治区、直辖市人民政府对行政法规设定的有关经济事务的行政许可，根据本行政区域经济和社会发展情况，认为通过本法第 13 条所列方式能够解决的，报国务院批准后，可以在本行政区域内停止实施该行政许可。由此可知，"省级政府"报国务院批准后，可在本行政区域内停止实施行政法规设定的有关经济事务的行政许可，而不是"设区的市政府"报国务院批准。故 D 选项说法不正确，当选。

34.

[考点] 行政许可的程序

[答案] ABCD

[解析] 根据《行政许可法》第 29 条第 2 款的规定，申请人可以委托代理人提出行政许可申请。但是，依法应当由申请人到行政机关办公场所提出行政许可申请的除外。建设工程规划许可证并非应当由申请人到行政机关办公场所提出申请的行政许可，村民宋某可以委托代理人提出行政许可申请。故 A 选项说法正确。

根据《行政许可法》第 43 条的规定，依法应当先经下级行政机关审查后报上级行政机关决定的行政许可，下级行政机关应当自其受理行政许可申请之日起 20 日内审查完毕。但是，法律、法规另有规定的，依照其规定。由此可知，乡政府作为下级机关，应当在受理宋某申请之日起 20 日内审查完毕。故 B 选项说法正确。

根据《行政许可法》第 46 条的规定，法律、法规、规章规定实施行政许可应当听证的事项，或者行政机关认为需要听证的其他涉及公共利益的重大行政许可事项，行政机关应当向社会公告，并举行听证。由此可知，行政机关应当向社会公告并举行听证的事项包括两类：①法律、法规、规章规定实施行政许可应当听证的事项；②行政机关认为需要听证的其他涉及公共利益的重大行政许可事项。乡村建设工程规划许可属于涉及公共利益的重大行政许可事项，因此，乡村建设工程规划许可作出前应当举行听证。故 C 选项说法正确。

根据《行政许可法》第 44 条的规定，行政机关作出准予行政许可的决定，应当自作出决定之日起 10 日内向申请人颁发、送达行政许可证件，或者加贴标签、加盖检验、检测、检疫印章。由此可知，县建设规划局作出准予建设工程规划许可的决定，应当自作出决定之日起 10 日内向宋某颁发、送达建设工程规划许可证。故 D 选项说法正确。

35. [考点] 行政许可的概念、设定和程序；行政诉讼中附带审查规范性文件

[答案] ABC

[解析] 根据《行政许可法》第 2 条的规定，本法所称行政许可，是指行政机关根据公民、法人或者其他组织的申请，经依法审查，准予其从事特定活动的行为。本案中，车管所核发机动车检验合格标志的行为属于准予其从事特定活动——机动车上路行驶的行为。故 A 选项说法正确。

根据《行政许可法》第 32 条第 2 款的规定，行政机关受理或者不予受理行政许可申请，应当出具加盖本行政机关专用印章和注明日期的书面凭证。本案中，车管所拒绝受理唐某的申请，属于行政机关不予受理行政许可申请，应当作出书面决定。故 B 选项说法正确。

根据《行政许可法》第 16 条第 4 款的规定，法规、规章对实施上位法设定的行政许可作出的具体规定，不得增设行政许可；对行政许可条件作出的具体规定，不得增设违反上位法的其他条件。本案中，《道路交通安全法》第 13 条第 1 款明确规定了核发机动车检验合格标志的条件，《机动车登记规定》第 54 条第 2 款规定以处理完毕涉及该机动车的道路交通安全违法行为和交通事故作为许可条件，属于增设许可条件。故 C 选项说法正确。

根据《行政诉讼法》第 53 条的规定，公民、法人或者其他组织认为行政行为所依据的国务院部门和地方人民政府及其部门制定的规范性文件不合法，在对行政行为提起诉讼时，可以一并请求对该规范性文件进行审查。前述规定的规范性文件不含规章。由此可知，行政诉讼中可以一并请求对规范性文件（不含规章）进行审查。本案中，《机动车登记规定》属于部门规章，唐某不能请求法院一并审查《机动车登记规定》第 54 条第 2 款的合法性。故 D 选项说法错误。

36. [考点] 行政许可的实施

[答案] ABC

[解析] 根据《行政许可法》第 26 条第 1 款的规定，行政许可需要行政机关

内设的多个机构办理的，应当确定一个机构统一受理行政许可申请，统一送达行政许可决定。为了便民，行政机关应当确定一个机构统一受理许可申请，统一送达行政许可决定。故A选项说法正确。

根据《行政许可法》第32条第2款，行政机关受理或者不予受理行政许可申请，应当出具加盖本行政机关印章和注明日期的书面凭证。因此，行政机关受理行政许可申请，应当出具加盖本机关印章和注明日期的书面凭证。故B选项说法正确。

根据《行政许可法》第36条的规定，行政机关对行政许可申请进行审查时，发现行政许可事项直接关系他人重大利益的，应当告知利害关系人。申请人、利害关系人有权进行陈述和申辩。行政机关应当听取申请人、利害关系人的意见。因此，为了保护行政许可利害关系人的利益，行政机关在行政许可审查过程中发现许可事项直接关系他人重大利益的，应当告知该利害关系人。故C选项说法正确。

根据《行政许可法》第44条的规定，行政机关作出准予行政许可的决定，应当自作出决定之日起10日内向申请人颁发、送达行政许可证件，或者加贴标签、加盖检验、检测、检疫印章。因此，行政机关作出准予行政许可的决定，可以颁发、送达行政许可证件，也可以加贴标签、加盖检验、检测、检疫印章，并非应当颁发、送达行政许可证件。故D选项说法错误。

37. [考点] 行政许可的延续

[答案] BC

[解析] 根据《行政许可法》第50条第1款的规定，被许可人需要延续依法取得的行政许可的有效期的，应当在该行政许可有效期届满30日前向作出行政许可决定的行政机关提出申请。但是，法律、法规、规章另有规定的，依照其规定。由此可知，一般情况下，行政许可是在有效期届满30日前申请延续，但本案是排污许可申请延续，根据《排污许可管理条例》第14条第2款的规定，甲公司应当在排污许可证有效期届满60日前申请延续。故A选项说法错误，B选项说法正确。

根据《行政许可法》第50条第2款的规定，行政机关应当根据被许可人的申请，在该行政许可有效期届满前作出是否准予延续的决定；逾期未作决定的，视为准予延续。因此，原发证机关应在2021年12月5日前作出是否准予延续的决定；逾期未作出的，视为准予延续。故C选项说法正确，可，规章不得授权。故 A 选项错误。

根据《行政许可法》第 16 条第 3 款的规定，规章可以在上位法设定的行政许可事项范围内，对实施该行政许可作出具体规定。法律属于规章的上位法，因此，规章可以在其设定的行政许可事项范围内，对实施该行政许可作出具体规定。故 B 选项正确。

根据《行政许可法》第 58 条第 1 款的规定，行政机关实施行政许可和对行政许可事项进行监督检查，不得收取任何费用。但是，法律、行政法规另有规定的，依照其规定。由此可知，行政机关对行政许可事项进行监督检查，不得收取任何费用。只有法律、行政法规能作例外规定，规章不能作出例外规定。故 C 选项错误。

根据《行政许可法》第 50 条第 1 款的规定，被许可人需要延续依法取得的行政许可的有效期的，应当在该行政许可有效期届满 30 日前向作出行政许可决定的行政机关提出申请。但是，法律、法规、规章另有规定的，依照其规定。由此可知，被许可人需延续行政许可的有效期的，应当在有效期届满 30 日前提出申请。规章能作例外规定。故 D 选项正确。

第7讲 行政处罚

专题 7 行政处罚行为

40. 下列哪些"责令"行为属于行政处罚？（　　）（多选）

A. 某市住建局因某企业未经许可从事特种设施建造活动，责令该企业停止建造活动

B. 某市生态环境局因某企业在围填海工程中使用的填充材料不符合有关环境保护标准且拒不改正，责令该企业停止工程建设

C. 某市交通局因某企业擅自采伐林木，责令该企业补种采伐的林木

D. 某市林业局因某企业滥伐林木，责令该企业补种5倍滥伐林木株数

[考点] 行政处罚的概念

41. 关于行政处罚的设定，下列说法正确的是：（　　）（任选）

A. 必要时，国务院作出的决定可以设定一定数额罚款的行政处罚

B. 必要时，部门规章可以设定暂扣营业执照的行政处罚

C. 必要时，地方性法规可以设定吊销营业执照的行政处罚

D. 必要时，省级地方政府规章可以设定一定数额罚款的行政处罚

[考点] 行政处罚的设定

42. 关于行政处罚管辖，下列哪些说法是不正确的？（　　）（多选）

A. 行政处罚由违法行为发生地的行政机关管辖，法律、法规、规章另有规定的除外

B. 行政处罚由县级以上地方人民政府具有行政处罚权的行政机关管辖，法律、法规、规章另有规定的除外

C. 省、自治区、直辖市可以决定将县级人民政府的行政处罚权交由乡镇人民

政府、街道办事处行使

D. 2个以上行政机关都有管辖权的，由共同的上一级行政机关指定管辖

[考 点] 行政处罚管辖

43. 关于不予行政处罚，下列说法正确的是：（　　）（任选）

   A. 主动消除违法行为危害后果的，不予行政处罚

   B. 受他人胁迫实施违法行为的，不予行政处罚

   C. 初次违法且危害后果轻微的，不予行政处罚

   D. 当事人有证据足以证明其没有主观过错的，不予行政处罚；法律、行政法规另有规定的除外

[考 点] 行政处罚适用

44. 根据《固体废物污染环境防治法》第102条的规定，未采取相应防范措施，造成工业固体废物扬散、流失、渗漏或者其他环境污染的，处所需处置费用1倍以上3倍以下的罚款，所需处置费用不足10万元的，按10万元计算。根据《大气污染防治法》第99条第2项的规定，超过大气污染物排放标准或者超过重点大气污染物排放总量控制指标排放大气污染物的，处10万元以上100万元以下的罚款。晶山建材公司在其厂区堆放的污泥臭气浓度超标，既违反了《固体废物污染环境防治法》第102条的规定，又违反了《大气污染防治法》第99条第2项的规定。针对晶山建材公司的违法行为进行处罚，如何适用法律规范？（　　）（单选）

   A. 适用《固体废物污染环境防治法》进行处罚

   B. 适用《大气污染防治法》进行处罚

   C. 选择适用《固体废物污染环境防治法》或者《大气污染防治法》进行处罚

   D. 分别适用《固体废物污染环境防治法》和《大气污染防治法》进行合并处罚

[考 点] 一事不再罚款

45. 关于行政机关利用电子技术监控设备收集证据，下列哪些说法是正确的？（　　）（多选）

   A. 电子技术监控设备设置地点应当向社会公布

   B. 收集的证据应当进行法制审核，无须进行技术审核

   C. 收集的证据未经审核的，不得作为行政处罚的证据

D. 行政机关应当及时告知当事人违法事实，方便当事人查询、陈述和申辩

[考点] 行政处罚证据

46. 2018年7月20日，黄某为修建住宅与某建筑工程公司签订《建筑工程施工合同》。取得建设施工许可证后，黄某找到包工头谭某，以其母亲的名义与谭某签订《建筑工程承包合同》，由谭某作为实际施工人进行施工。2018年11月2日，谭某安排临时工张某到工地做收尾工作时，张某坠楼受伤后死亡。2020年4月26日，市应急管理局经调查，认定谭某对生产安全事故的发生负有责任，依据《安全生产法》第109条第1项（2021年修正为第114条第1款第1项，标准有变化）等规定，决定对谭某罚款21万元。下列哪些说法是正确的？（　　）（多选）

A. 市应急管理局进行调查的执法人员不得少于2人
B. 谭某的违法行为在2年内未被市应急管理局发现的，不再给予行政处罚
C. 市应急管理局在作出罚款决定之前，应当告知谭某拟作出罚款处罚的事实、理由、依据
D. 市应急管理局可以采用传真、电子邮件等方式送达罚款决定书

[考点] 行政处罚的程序

47. 关于行政罚款，下列哪些说法是正确的？（　　）（多选）

A. 违法事实确凿且有法定依据的，可以当场对公民作出罚款决定的最高数额为50元
B. 执法人员可以当场收缴罚款的最高数额为20元
C. 执法人员当场收缴罚款时不出具专用票据的，当事人有权拒绝缴纳罚款
D. 当事人到期不缴纳罚款的，行政机关加处罚款的数额不得超出罚款的数额

[考点] 行政罚款的决定程序和执行程序

专题 ⑧ 治安处罚行为

48. 黄某发工资后想留下500元自用，遂向其妻谎称回家途中遭遇抢劫，并在其妻要求下进行了报警。公安机关立案调查后，以黄某报假警为由对其处以治安拘留7日的处罚。下列哪些说法是不正确的？（　　）（多选）

A. 若公安机关作出拘留决定前传唤黄某，对其询问查证的时间不得超过8小时

B. 公安机关作出拘留决定前，应当告知黄某作出拘留处罚的事实、理由及依据

C. 公安机关作出拘留决定前，应当告知黄某有权要求举行听证

D. 公安机关应当将拘留决定书副本抄送黄某妻子

[考 点] 治安管理处罚的程序

49. 陈某因散布虚假信息被公安机关传唤，公安机关以扰乱社会公共秩序为由对其作出拘留 7 日的处罚决定。下列说法错误的是：（　　）（任选）

A. 公安机关可以口头传唤陈某

B. 公安机关应当自立案之日起 90 日内作出处罚决定

C. 公安机关无法当场向陈某宣告处罚决定书的，应当在 7 日内送达陈某

D. 若陈某的违法行为在 3 个月内没有被公安机关发现，不再处罚

[考 点] 治安管理处罚的程序和适用

50. 吴某与邻居林某由于房屋之间的落水沟问题起争执并发生推搡，致林某受轻微伤。某派出所受理后，展开调解。后调解不成，遂根据《治安管理处罚法》第 43 条第 1 款之规定，对吴某作出罚款 200 元的《行政处罚决定书》。下列哪些说法是正确的？（　　）（多选）

A. 若在派出所调解下吴某与林某达成协议，派出所对吴某不予处罚

B. 派出所应当将《行政处罚决定书》副本抄送林某

C. 派出所可以当场作出《行政处罚决定书》

D. 派出所可以当场收缴罚款

[考 点] 治安管理处罚程序

51. 2021 年 6 月 8 日，某区公安分局以虚构事实扰乱公共秩序为由，对李某作出治安拘留 5 日的处罚。李某不服，申请行政复议，并向公安机关申请暂缓执行拘留。下列说法正确的有：（　　）（多选）

A. 如果李某采用提出担保人的方式申请暂缓执行拘留，则其所提出的担保人应当保证李某不逃避拘留处罚的执行

B. 如果李某采用交纳保证金的方式申请暂缓执行拘留，则其应当交纳 1000 元保证金

C. 如果暂缓执行行政拘留后，李某提出的担保人不履行担保义务，致使李某逃避拘留处罚的执行，则公安机关可对担保人执行拘留

D. 如果暂缓执行行政拘留后，李某逃避拘留处罚的执行，则对其交纳的保证金应予以没收

[考 点] 治安拘留的暂缓执行

答案及解析

40. [考 点] 行政处罚的概念

[答 案] BD

[解 析] 根据《行政处罚法》第2条的规定，行政处罚是指行政机关依法对违反行政管理秩序的公民、法人或者其他组织，以减损权益或者增加义务的方式予以惩戒的行为。行政处罚的特点是具有制裁性，处罚的内容是对违法行为人减损权益或者增加义务。

住建局责令企业停止未经许可的建造活动，是制止企业的违法行为，没有对企业减损权益或者增加义务，不具有惩戒性，不属于行政处罚。故A选项不当选。

生态环境局责令企业停止工程建设，是针对企业的违法行为以减损权益的方式予以惩戒，属于行政处罚。故B选项当选。

交通局责令企业补种采伐的林木，要求企业恢复原状，没有对企业减损权益或者增加义务，不具有惩戒性，不属于行政处罚。故C选项不当选。

林业局责令企业补种5倍滥伐林木株数，是针对企业的违法行为以增加义务的方式予以惩戒，属于行政处罚。故D选项当选。

41. [考 点] 行政处罚的设定

[答 案] D

[解 析] 根据《行政处罚法》第11条第1款的规定，行政法规可以设定除限制人身自由以外的行政处罚。因此，国务院只能以行政法规的形式设定行政处罚，而不能以决定的形式来设定行政处罚。故A选项说法错误。

根据《行政处罚法》第13条第2款的规定，尚未制定法律、行政法规的，国务院部门规章对违反行政管理秩序的行为，可以设定警告、通报批评或者一定数额罚款的行政处罚。罚款的限额由国务院规定。因此，部门规章可以设定警告、通报批评或者一定数额罚款的行政处罚，但无权设定

暂扣营业执照的行政处罚。故 B 选项说法错误。

根据《行政处罚法》第 12 条第 1 款的规定，地方性法规可以设定除限制人身自由、吊销营业执照以外的行政处罚。因此，地方性法规不得设定吊销营业执照的行政处罚。故 C 选项说法错误。

根据《行政处罚法》第 14 条第 2 款的规定，尚未制定法律、法规的，地方政府规章对违反行政管理秩序的行为，可以设定警告、通报批评或者一定数额罚款的行政处罚。罚款的限额由省、自治区、直辖市人民代表大会常务委员会规定。地方政府规章包括省级地方政府规章和市级地方政府规章。因此，必要时，省级地方政府规章可以设定一定数额罚款的行政处罚。故 D 选项说法正确。

42. [考 点] 行政处罚管辖

[答 案] ABCD

[解 析] 根据《行政处罚法》第 22 条的规定，行政处罚由违法行为发生地的行政机关管辖。法律、行政法规、部门规章另有规定的，从其规定。可知，行政处罚一般由违法行为发生地的行政机关管辖，法律、行政法规、部门规章另有规定的除外，而不是法律、法规、规章另有规定的除外。故 A 选项说法不正确，当选。

根据《行政处罚法》第 23 条的规定，行政处罚由县级以上地方人民政府具有行政处罚权的行政机关管辖。法律、行政法规另有规定的，从其规定。可知，行政处罚一般由县级以上地方人民政府具有行政处罚权的行政机关管辖，法律、行政法规另有规定的除外，而不是法律、法规、规章另有规定的除外。故 B 选项说法不正确，当选。

根据《行政处罚法》第 24 条第 1 款的规定，省、自治区、直辖市根据当地实际情况，可以决定将基层管理迫切需要的县级人民政府部门的行政处罚权交由能够有效承接的乡镇人民政府、街道办事处行使，并定期组织评估。决定应当公布。可知，省、自治区、直辖市可以决定将"县级人民政府部门"的行政处罚权交由乡镇人民政府、街道办事处行使，不是把"县级人民政府"的行政处罚权交由乡镇人民政府、街道办事处行使。故 C 选项说法不正确，当选。

根据《行政处罚法》第 25 条的规定，2 个以上行政机关都有管辖权的，由最先立案的行政机关管辖。对管辖发生争议的，应当协商解决，协商不成的，报请共同的上一级行政机关指定管辖；也可以直接由共同的上一级行政机关指定管辖。可知，2个以上行政机关都有管辖权的，首先是由最先立案的行政机关管辖。当发生管辖争议时，应当协商解决，协商不成的，报请共同的上一级行政机关指定管辖；也可以直接由共同的上一级行政机关指定管辖。故D选项说法不正确，当选。

43. [考点] 行政处罚适用

[答案] D

[解析] 根据《行政处罚法》第32条的规定，当事人有下列情形之一，应当从轻或者减轻行政处罚：①主动消除或者减轻违法行为危害后果的；②受他人胁迫或者诱骗实施违法行为的；……可知，主动消除违法行为危害后果和受他人胁迫实施违法行为的，应当"从轻或者减轻"行政处罚，而不是不予行政处罚。故AB选项说法不正确。

根据《行政处罚法》第33条第1、2款的规定，违法行为轻微并及时改正，没有造成危害后果的，不予行政处罚。初次违法且危害后果轻微并及时改正的，可以不予行政处罚。当事人有证据足以证明没有主观过错的，不予行政处罚。法律、行政法规另有规定的，从其规定。可知，初次违法且危害后果轻微并且及时改正的，可以不予行政处罚。故C选项说法不正确。当事人有证据足以证明没有主观过错的，一般是不予行政处罚，除非法律、行政法规有特别规定。故D选项说法正确。

44. [考点] 一事不再罚款

[答案] B

[解析] 根据《行政处罚法》第29条的规定，对当事人的同一个违法行为，不得给予2次以上罚款的行政处罚。同一个违法行为违反多个法律规范应当给予罚款处罚的，按照罚款数额高的规定处罚。本案中，晶山建材公司的同一个违法行为违反了《固体废物污染环境防治法》和《大气污染防治法》两部法律规范，《大气污染防治法》的罚款数额高，因此，针对晶山建材公司的违法行为，应适用《大气污染防治法》进行处罚。故B选项当选。

45. [考点] 行政处罚证据

[答案] ACD

[解析] 根据《行政处罚法》第41条的规定，行政机关依照法律、行政法规规定利用电子技术监控设备收集、固定违法事实的，应当经过法制和技术审核，确保电子技术监控设备符合标准、设置合理、标志明显，设置地点应当向社会公布。电子技术监控设备记录违法事实应当真实、清晰、完整、准确。行政机关应当审核记录内容是否符合要求；未经审核或者经审核不符合要求的，不得作为行政处罚的证据。行政机关应当及时告知当事人违法事实，并采取信息化手段或者其他措施，为当事人查询、陈述和申辩提供便利。不得限制或者变相限制当事人享有的陈述权、申辩权。由此可知，行政机关利用电子技术监控设备收集证据，电子技术监控设备的设置地点应当向社会公布。故 A 选项说法正确。行政机关利用电子技术监控设备收集证据，收集的证据应当进行法制审核和技术审核。故 B 选项说法不正确。行政机关利用电子技术监控设备收集证据，收集的证据未经审核的，不得作为行政处罚的证据。故 C 选项说法正确。行政机关利用电子技术监控设备收集证据，应当及时告知当事人违法事实，并采取信息化手段或者其他措施，方便当事人查询、陈述和申辩。故 D 选项说法正确。

46. [考点] 行政处罚的程序
[答案] AC
[解析] 根据《行政处罚法》第42条第1款的规定，行政处罚应当由具有行政执法资格的执法人员实施。执法人员不得少于 2 人，法律另有规定的除外。因此，市应急管理局进行调查的执法人员不得少于 2 人。故 A 选项说法正确。

根据《行政处罚法》第36条第1款的规定，违法行为在 2 年内未被发现的，不再给予行政处罚；涉及公民生命健康安全、金融安全且有危害后果的，上述期限延长至 5 年。法律另有规定的除外。本案中，张某坠楼受伤后死亡，市应急管理局经调查，认定谭某对生产安全事故的发生负有责任，因此，谭某的违法行为涉及公民生命健康安全且有危害后果，应当适用 5 年的处罚时效。故 B 选项说法错误。

根据《行政处罚法》第44条的规定，行政机关在作出行政处罚决定之前，应当告知当事人拟作出的行政处罚内容及事实、理由、依据，并告知当事人依法享有的陈述、申辩、要求听证等权利。因此，市应急管理局在作出罚款决定之前，应当告知谭某拟作出罚款处罚的事实、理由、依据。故 C 选项说法正确。

根据《行政处罚法》第 61 条的规定，行政处罚决定书应当在宣告后当场交付当事人；当事人不在场的，行政机关应当在 7 日内依照《民事诉讼法》的有关规定，将行政处罚决定书送达当事人。当事人同意并签订确认书的，行政机关可以采用传真、电子邮件等方式，将行政处罚决定书等送达当事人。因此，市应急管理局在谭某同意并签订确认书的前提下，可以采用传真、电子邮件等方式送达罚款决定书。D 选项中未明确经谭某同意并签订确认书这一前提。故 D 选项说法错误。

47. [考点] 行政罚款的决定程序和执行程序

[答案] CD

[解析] 根据《行政处罚法》第 51 条的规定，违法事实确凿并有法定依据，对公民处以 200 元以下、对法人或者其他组织处以 3000 元以下罚款或者警告的行政处罚的，可以当场作出行政处罚决定。法律另有规定的，从其规定。可知，违法事实确凿且有法定依据的，可以当场对公民处以 200 元以下的罚款，而不是 50 元以下的罚款。故 A 选项说法不正确。注意：可以当场对公民处以 50 元以下的罚款是 2021 年 1 月修订前的《行政处罚法》的规定，根据 2021 年 1 月修订后的《行政处罚法》的规定，可以当场对公民处以 200 元以下的罚款。

根据《行政处罚法》第 68 条的规定，依照本法第 51 条的规定当场作出行政处罚决定，有下列情形之一，执法人员可以当场收缴罚款：①依法给予 100 元以下罚款的；……可知，执法人员可以当场作出行政处罚决定，当场收缴 100 元以下的罚款。故 B 选项说法不正确。注意：执法人员可以当场收缴 20 元以下的罚款是 2021 年 1 月修订前的《行政处罚法》的规定，根据 2021 年 1 月修订后的《行政处罚法》的规定，执法人员可以当场收缴 100 元以下的罚款。

根据《行政处罚法》第 70 条的规定，行政机关及其执法人员当场收缴罚款的，必须向当事人出具国务院财政部门或者省、自治区、直辖市人民政府财政部门统一制发的专用票据；不出具财政部门统一制发的专用票据的，当事人有权拒绝缴纳罚款。可知，执法人员当场收缴罚款时必须向当事人出具专用票据；不出具专用票据的，当事人有权拒绝缴纳罚款。故 C 选项说法正确。

根据《行政处罚法》第 72 条第 1 款的规定，当事人逾期不履行行政处罚决定的，作出行政处罚决定的行政机关可以采取下列措施：①到期不缴纳罚款的，每日按罚款数额的3%加处罚款，加处罚款的数额不得超出罚款的数额；……可知，当事人到期不缴纳罚款的，行政机关可以每日按罚款数额的3%加处罚款，但加处罚款的数额不得超出罚款的数额。故D选项说法正确。

48. [考 点] 治安管理处罚的程序

[答 案] ACD

[解 析] 根据《治安管理处罚法》第83条第1款的规定，对违反治安管理行为人，公安机关传唤后应当及时询问查证，询问查证的时间不得超过8小时；情况复杂，依照本法规定可能适用行政拘留处罚的，询问查证的时间不得超过24小时。本案中，公安机关对黄某处以治安拘留7日的处罚，因此，公安机关对其询问查证的时间不得超过24小时。故A选项错误，当选。

根据《治安管理处罚法》第94条第1款的规定，公安机关作出治安管理处罚决定前，应当告知违反治安管理行为人作出治安管理处罚的事实、理由及依据，并告知违反治安管理行为人依法享有的权利。因此，公安机关作出拘留决定前，应当告知黄某作出拘留处罚的事实、理由及依据。故B选项正确，不当选。

根据《治安管理处罚法》第98条的规定，公安机关作出吊销许可证以及处2000元以上罚款的治安管理处罚决定前，应当告知违反治安管理行为人有权要求举行听证；违反治安管理行为人要求听证的，公安机关应当及时依法举行听证。由此可知，拘留不属于法定听证范围内的治安管理处罚。公安机关作出拘留决定前，没有告知黄某有权要求举行听证的义务。故C选项错误，当选。

根据《治安管理处罚法》第97条的规定，公安机关应当向被处罚人宣告治安管理处罚决定书，并当场交付被处罚人；无法当场向被处罚人宣告的，应当在2日内送达被处罚人。决定给予行政拘留处罚的，应当及时通知被处罚人的家属。有被侵害人的，公安机关应当将决定书副本抄送被侵害人。黄某妻子属于黄某的家属，不属于被侵害人，公安机关应当及时通知黄某妻子，而不是将拘留决定书副本抄送黄某妻子。故D选项错误，当选。

49. [考 点] 治安管理处罚的程序和适用

[答 案] ABCD

[解析] 根据《治安管理处罚法》第82条第1款的规定，需要传唤违反治安管理行为人接受调查的，经公安机关办案部门负责人批准，使用传唤证传唤。对现场发现的违反治安管理行为人，人民警察经出示工作证件，可以口头传唤，但应当在询问笔录中注明。由此可知，传唤违反治安管理行为人应当使用传唤证，只有对现场发现的违反治安管理行为人才可以口头传唤。本案中，陈某不属于现场发现的违反治安管理行为人。故A选项错误，当选。

根据《治安管理处罚法》第99条第1款的规定，公安机关办理治安案件的期限，自受理之日起不得超过30日；案情重大、复杂的，经上一级公安机关批准，可以延长30日。由此可知，一般情况下，公安机关应当自立案之日起30日内作出处罚决定；案情重大、复杂的，60日内作出处罚决定。故B选项错误，当选。

根据《治安管理处罚法》第97条第1款的规定，公安机关应当向被处罚人宣告治安管理处罚决定书，并当场交付被处罚人；无法当场向被处罚人宣告的，应当在2日内送达被处罚人。由此可知，公安机关无法当场向陈某宣告处罚决定书的，应当在2日内送达陈某。故C选项错误，当选。

根据《治安管理处罚法》第22条第1款的规定，违反治安管理行为在6个月内没有被公安机关发现的，不再处罚。因此，陈某的违法行为在3个月内没有被公安机关发现，但在6个月内被发现的，陈某仍然会受到处罚。故D选项错误，当选。

50.

[考点] 治安管理处罚程序

[答案] ABC

[解析] 根据《治安管理处罚法》第9条的规定，对于因民间纠纷引起的打架斗殴或者损毁他人财物等违反治安管理行为，情节较轻的，公安机关可以调解处理。经公安机关调解，当事人达成协议的，不予处罚。本案属于因民间纠纷引起的打架斗殴行为，在派出所的调解下，吴某与林某达成协议的，派出所对吴某不予处罚。故A选项说法正确。

根据《治安管理处罚法》第97条第2款的规定，有被侵害人的，公安机关应当将决定书副本抄送被侵害人。本案中，林某作为被侵害人，派出所对侵害人吴某作出罚款200元的行政处罚决定的，应当将《行政处罚决定书》副本抄送被侵害人林某。故B选项说法正确。

根据《治安管理处罚法》第100条的规定，违反治安管理行为事实清楚，证据确凿，处警告或者200元以下罚款的，可以当场作出治安管理处罚决定。因此，派出所可以当场作出罚款200元的《行政处罚决定书》。故C选项说法正确。

根据《治安管理处罚法》第104条的规定，受到罚款处罚的人应当自收到处罚决定书之日起15日内，到指定的银行缴纳罚款。但是，有下列情形之一的，人民警察可以当场收缴罚款：①被处50元以下罚款，被处罚人对罚款无异议的；②在边远、水上、交通不便地区，公安机关及其人民警察依照本法的规定作出罚款决定后，被处罚人向指定的银行缴纳罚款确有困难，经被处罚人提出的；③被处罚人在当地没有固定住所，不当场收缴事后难以执行的。本案中，派出所作出的是200元的罚款决定，不符合当场收缴罚款的情形，因此，派出所不能当场收缴罚款。故D选项说法错误。

51. [考 点] 治安拘留的暂缓执行

[答 案] ABD

[解 析] 根据《治安管理处罚法》第109条第1款的规定，担保人应当保证被担保人不逃避行政拘留处罚的执行。因此，暂缓执行拘留的担保人应当保证李某不逃避拘留处罚的执行。故A选项说法正确。

根据《治安管理处罚法》第107条的规定，被处罚人不服行政拘留处罚决定，申请行政复议、提起行政诉讼的，可以向公安机关提出暂缓执行行政拘留的申请。公安机关认为暂缓执行行政拘留不致发生社会危险的，由被处罚人或者其近亲属提出符合本法第108条规定条件的担保人，或者按每日行政拘留200元的标准交纳保证金，行政拘留的处罚决定暂缓执行。由此可知，行政拘留暂缓执行是按照每日200元的标准交纳保证金，治安拘留5日，应当交纳1000元保证金。故B选项说法正确。

根据《治安管理处罚法》第109条第2款的规定，担保人不履行担保义务，致使被担保人逃避行政拘留处罚的执行的，由公安机关对其处3000元以下罚款。由此可知，担保人不履行担保义务的，公安机关对担保人只能处以罚款，不能执行拘留。故C选项说法错误。

根据《治安管理处罚法》第110条的规定，被决定给予行政拘留处罚的人交纳保证金，暂缓行政拘留后，逃避行政拘留处罚的执行的，保证金予以没收并上缴国库，已经作出的行政拘留决定仍应执行。由此可知，李某逃避拘留处罚执行的，对其交纳的保证金应予以没收。故D选项说法正确。

第8讲 行政强制

专题 9 行政强制行为

52. 某文化艺术会展商务有限公司负责某村土地施工建设,县住房和城乡建设局接到举报,经现场勘察和调查,认定该公司未取得《建设工程规划许可证》即进行施工,属违法建设行为,向该公司下发了《责令停止违法行为通知书》和《拆除通知书》,同时作出《限期拆除通知书》,限该公司在7日内自行拆除违法建筑,逾期不拆除,将按有关规定予以强制拆除。关于《责令停止违法行为通知书》《拆除通知书》《限期拆除通知书》的行为性质,下列说法正确的是:( )(任选)

A.《责令停止违法行为通知书》属于行政处罚

B.《责令停止违法行为通知书》属于行政强制措施

C.《拆除通知书》属于行政处罚

D.《限期拆除通知书》属于行政强制措施

[考 点] 行政强制措施和行政处罚的概念

53. 关于行政强制的设定,下列哪些说法是正确的?( )(多选)

A. 限制公民人身自由的行政强制措施只能由法律设定

B. 冻结存款、汇款的行政强制措施只能由法律设定

C. 扣押财物的行政强制措施只能由法律设定

D. 划拨存款的行政强制执行只能由法律设定

[考 点] 行政强制的设定

54. 关于行政法规的权限,下列哪些说法是正确的?( )(多选)

A. 尚未制定法律的，可以设定吊销营业执照

B. 尚未制定法律的，可以设定冻结

C. 尚未制定法律的，可以设定组织设立登记

D. 尚未制定法律的，可以设定滞纳金

[考点] 行政处罚、行政许可和行政强制的设定

55. 某区公安分局以未经许可销售烟花爆竹为由，当场扣押孙某杂货店的烟花爆竹100件，一并扣押了运输烟花爆竹的车辆。关于扣押，下列哪一说法是错误的？（　　）（单选）

A. 应由区公安分局2名以上行政执法人员实施扣押

B. 当场告知孙某扣押的理由和依据

C. 运输烟花爆竹的车辆不得扣押

D. 对扣押物品进行检测的合理费用，由孙某承担

[考点] 扣押程序

56. 某区市场监管局接到举报称肖某超范围经营，经现场调查取证，初步认定举报属实，遂扣押与其经营相关的物品，制作扣押财物决定书及财物清单。关于扣押程序，下列哪些说法是正确的？（　　）（多选）

A. 行政执法人员实施扣押前须向区市场监管局负责人报告并经批准

B. 实施扣押时应制作现场笔录

C. 扣押物品时应当听取肖某的陈述和申辩

D. 区市场监管局可以委托街道办事处实施扣押

[考点] 扣押程序

57. 某装饰工程有限责任公司购买了782箱瓷砖进行加工处理，市场监管局接到举报，声称该装饰工程有限责任公司假冒某品牌陶瓷的产品。市场监管局执法人员以该批瓷砖涉嫌存在"质量嫌疑"问题为由，依据《产品质量法》第18条第4项之规定，对该批瓷砖进行了扣押。下列哪一说法是错误的？（　　）（单选）

A. 市场监管局执法人员现场检查时应出示执法身份证件

B. 市场监管局扣押瓷砖应通知该装饰工程有限责任公司相关人员到场

C. 扣押涉案瓷砖清单一式二份，由该装饰工程有限责任公司和市场监管局分

别保存

D. 扣押瓷砖期间产生的合理保管费用，由该装饰工程有限责任公司承担

[考 点] 扣押程序

58. 某县市场监督管理局在对某企业的违法行为进行执法检查时，依法扣押了该企业的货物，并决定罚款1000元。该企业向该县政府申请复议，县政府作出行政复议维持决定，但该企业既不缴纳罚款也没有提起诉讼。则市场监督管理局可以采取下列哪些措施？（　　）（多选）

A. 市场监督管理局可以每日按罚款数额的3%加处罚款

B. 市场监督管理局可以拍卖该企业的货物抵缴罚款

C. 市场监督管理局可以通知银行划拨该企业的存款抵缴罚款

D. 市场监督管理局可以申请法院强制执行

[考 点] 行政强制执行主体

59. 某采石场存在非法采矿、破坏生态地质环境和毁损林地的违法行为，县国土资源局责令该采石场拆除所有生产设施，并对该采石场进行矿山地质环境治理恢复和土地复垦。该采石场拆除生产设施后，没有对该采石场进行矿山地质环境治理恢复和土地复垦。县国土资源局决定实施代履行。关于代履行，下列哪些说法是正确的？（　　）（多选）

A. 县国土资源局只能委托没有利害关系的第三人代履行

B. 县国土资源局应当在代履行前向该采石场送达决定书

C. 县国土资源局可以在实施代履行后通知该采石场

D. 代履行的费用由该采石场承担，法律另有规定的除外

[考 点] 代履行

60. 2013年9月，某市卫计委以刘某、赵某二人于2010年7月违法超生第二胎为由，作出要求其缴纳社会抚养费12万元的决定。二人拒不缴纳，也不申请复议或提起行政诉讼。该市卫计委决定实施强制执行。下列哪些说法是正确的？（　　）（多选）

A. 该市卫计委加处的滞纳金数额不得超出12万元

B. 刘某、赵某二人履行行政决定确有困难的，该市卫计委应终结执行

C. 一旦实施强制执行，该市卫计委就不得与刘某、赵某二人达成执行协议

D. 该市卫计委申请人民法院强制执行前，应当催告刘某、赵某二人履行义务

[考点] 行政强制执行的实施

61. 某村土地被征收，用于高速公路入城道路建设。经多次协商，县国土资源局未与某养猪专业合作社就各种补偿、补助费金额达成补偿协议。县国土资源局向该养猪专业合作社送达了《责令交回土地决定书》，并在催告该养猪专业合作社领款交地未果后，向法院申请强制执行。下列哪些说法是正确的？（   ）（多选）

A. 《责令交回土地决定书》属于行政处罚

B. 县国土资源局申请执行的期限为该养猪专业合作社的履行期限届满之日起3个月

C. 县国土资源局应当向法院提供作出《责令交回土地决定书》的事实、理由和依据

D. 强制执行的费用由该养猪专业合作社承担

[考点] 行政机关申请法院强制执行程序

答案及解析

52. [考点] 行政强制措施和行政处罚的概念

[答案] BC

[解析] 根据《行政强制法》第2条第2款的规定，行政强制措施，是指行政机关在行政管理过程中，为制止违法行为、防止证据损毁、避免危害发生、控制危险扩大等情形，依法对公民的人身自由实施暂时性限制，或者对公民、法人或者其他组织的财物实施暂时性控制的行为。因此，行政强制措施是对人身自由或者财产的暂时性限制或者控制，《责令停止违法行为通知书》是为了制止违法行为而采取的暂时性控制行为，属于行政强制措施。故A选项说法错误，B选项说法正确。

根据《行政处罚法》第2条的规定，行政处罚是指行政机关依法对违反行政管理秩序的公民、法人或者其他组织，以减损权益或者增加义务的方式予以惩戒的行为。《拆除通知书》旨在制裁公司的违法行为，并予以纠正，具有惩戒性，因此，该通知为行政处罚行为。故C选项说法正确。

根据《行政强制法》第35条的规定，行政机关作出强制执行决定前，应当事先催告当事人履行义务。《限期拆除通知书》为行政强制执行中的催告行为，目的在于督促当事人自动履行义务，不属于行政强制措施。故D选项说法错误。

53. [考点] 行政强制的设定

[答案] ABD

[解析] 根据《行政强制法》第9条的规定，行政强制措施的种类：①限制公民人身自由；②查封场所、设施或者财物；③扣押财物；④冻结存款、汇款；⑤其他行政强制措施。根据《行政强制法》第10条的规定，行政强制措施由法律设定。尚未制定法律，且属于国务院行政管理职权事项的，行政法规可以设定除本法第9条第1、4项和应当由法律规定的行政强制措施以外的其他行政强制措施。尚未制定法律、行政法规，且属于地方性事务的，地方性法规可以设定本法第9条第2、3项的行政强制措施。法律、法规以外的其他规范性文件不得设定行政强制措施。由此可知，限制公民人身自由和冻结存款、汇款的行政强制措施只能由法律设定。尚未制定法律，且属于国务院行政管理职权事项的，行政法规可以设定扣押财物的行政强制措施。尚未制定法律、行政法规，且属于地方性事务的，地方性法规可以设定扣押财物的行政强制措施。所以限制公民人身自由和冻结存款、汇款的行政强制措施只能由法律设定，扣押财物的行政强制措施可以由法律、行政法规、地方性法规设定。故AB选项说法正确，C选项说法错误。

根据《行政强制法》第13条的规定，行政强制执行由法律设定。法律没有规定行政机关强制执行的，作出行政决定的行政机关应当申请人民法院强制执行。因此，划拨存款的行政强制执行只能由法律设定，行政法规、地方性法规等都不得设定行政强制执行。故D选项说法正确。

54. [考点] 行政处罚、行政许可和行政强制的设定

[答案] AC

[解析] 根据《行政处罚法》第11条第1款的规定，行政法规可以设定除限制人身自由以外的行政处罚。因此，尚未制定法律的，行政法规可以设定吊销营业执照的行政处罚。故A选项说法正确。

根据《行政强制法》第10条第2款的规定，尚未制定法律，且属于国

务院行政管理职权事项的，行政法规可以设定除本法第9条第1、4项和应当由法律规定的行政强制措施以外的其他行政强制措施。根据《行政强制法》第9条的规定，行政强制措施的种类：①限制公民人身自由；②查封场所、设施或者财物；③扣押财物；④冻结存款、汇款；⑤其他行政强制措施。因此，尚未制定法律的，行政法规不得设定冻结存款、汇款的行政强制措施。故B选项说法错误。

根据《行政许可法》第14条第1款的规定，本法第12条所列事项，法律可以设定行政许可。尚未制定法律的，行政法规可以设定行政许可。因此，尚未制定法律的，行政法规可以设定组织设立登记的行政许可。故C选项说法正确。

根据《行政强制法》第12条第1项的规定，行政强制执行的方式包括加处罚款或者滞纳金。可知，滞纳金属于行政强制执行的方式之一。根据《行政强制法》第13条第1款的规定，行政强制执行由法律设定。因此，尚未制定法律的，行政法规不得设定滞纳金的行政强制执行。故D选项说法错误。

55. [考 点] 扣押程序

[答 案] D

[解 析] 根据《行政强制法》第18条的规定，行政机关实施行政强制措施应当遵守下列规定：……②由2名以上行政执法人员实施；……因此，应由区公安分局2名以上行政执法人员实施扣押。故A选项说法正确，不当选。

根据《行政强制法》第18条的规定，行政机关实施行政强制措施应当遵守下列规定：……⑤当场告知当事人采取行政强制措施的理由、依据以及当事人依法享有的权利、救济途径；……根据《行政强制法》第24条第1、2款的规定，行政机关决定实施查封、扣押的，应当履行本法第18条规定的程序，制作并当场交付查封、扣押决定书和清单。查封、扣押决定书应当载明下列事项：……②查封、扣押的理由、依据和期限；……因此，当场扣押应当场告知扣押的理由和依据。故B选项说法正确，不当选。

根据《行政强制法》第23条第1款的规定，查封、扣押限于涉案的场所、设施或者财物，不得查封、扣押与违法行为无关的场所、设施或者财物；不得查封、扣押公民个人及其所扶养家属的生活必需品。因此，由于运输烟花爆竹的车辆属于与违法行为无关的财物，所以不得扣押。故C选项说法正确，不当选。

根据《行政强制法》第25条第3款的规定，对物品需要进行检测、检验、检疫或者技术鉴定的，检测、检验、检疫或者技术鉴定的费用由行政机关承担。因此，对扣押物品进行检测的合理费用由区公安分局承担，而非由孙某承担。故D选项说法错误，当选。

56. [考点] 扣押程序

[答案] ABC

[解析] 根据《行政强制法》第18条的规定，行政机关实施行政强制措施应当遵守下列规定：①实施前须向行政机关负责人报告并经批准；……根据《行政强制法》第19条的规定，情况紧急，需要当场实施行政强制措施的，行政执法人员应当在24小时内向行政机关负责人报告，并补办批准手续。本题中的情况不属于需要当场实施行政强制措施的情形，因此，行政执法人员实施扣押前须向区市场监管局负责人报告并经批准。故A选项说法正确。

根据《行政强制法》第18条的规定，行政机关实施行政强制措施应当遵守下列规定：……⑦制作现场笔录；……因此，实施扣押时应当制作现场笔录。故B选项说法正确。

根据《行政强制法》第18条的规定，行政机关实施行政强制措施应当遵守下列规定：……⑥听取当事人的陈述和申辩；……因此，区市场监管局扣押物品时应当听取肖某的陈述和申辩。故C选项说法正确。

根据《行政强制法》第17条第1款的规定，行政强制措施由法律、法规规定的行政机关在法定职权范围内实施。行政强制措施权不得委托。因此，区市场监管局不能委托街道办事处实施扣押。故D选项说法错误。

57. [考点] 扣押程序

[答案] D

[解析] 根据《行政强制法》第18条的规定，行政机关实施行政强制措施应当遵守下列规定：……③出示执法身份证件；……因此，市场监管局执法人员现场检查时应出示执法身份证件。故A选项说法正确，不当选。

根据《行政强制法》第18条的规定，行政机关实施行政强制措施应当遵守下列规定：……④通知当事人到场；……因此，市场监管局扣押瓷砖应通知该装饰工程有限责任公司相关人员到场。故 B 选项说法正确，不当选。

根据《行政强制法》第 24 条第 3 款的规定，查封、扣押清单一式二份，由当事人和行政机关分别保存。因此，扣押涉案物品清单一式二份，由该装饰工程有限责任公司和市场监管局分别保存。故 C 选项说法正确，不当选。

根据《行政强制法》第 26 条第 3 款的规定，因查封、扣押发生的保管费用由行政机关承担。因此，扣押瓷砖期间产生的保管费用，应由市场监管局承担。故 D 选项说法错误，当选。

58. [考点] 行政强制执行主体

[答案] ABD

[解析] 根据《行政处罚法》第 72 条第 1 款的规定，当事人逾期不履行行政处罚决定的，作出行政处罚决定的行政机关可以采取下列措施：①到期不缴纳罚款的，每日按罚款数额的 3% 加处罚款，加处罚款的数额不得超出罚款的数额；②根据法律规定，将查封、扣押的财物拍卖、依法处理或者将冻结的存款、汇款划拨抵缴罚款；③根据法律规定，采取其他行政强制执行方式；④依照《行政强制法》的规定申请人民法院强制执行。由此可知，市场监督管理局可以每日按罚款数额的 3% 加处罚款。故 A 选项当选。市场监督管理局可以申请法院强制执行。故 D 选项当选。法律规定的行政机关能将冻结的存款划拨以抵缴罚款，但法律没有规定市场监督管理局有划拨执行权。故 C 选项不当选。

根据《行政强制法》第 46 条第 3 款的规定，没有行政强制执行权的行政机关应当申请人民法院强制执行。但是，当事人在法定期限内不申请行政复议或者提起行政诉讼，经催告仍不履行的，在实施行政管理过程中已经采取查封、扣押措施的行政机关，可以将查封、扣押的财物依法拍卖抵缴罚款。县市场监督管理局对该企业的违法行为进行执法检查时已经依法扣押了该企业的货物，故可以将扣押的货物依法拍卖以抵缴罚款。故 B 选项当选。

59. [考点] 代履行

[答案] BD

[解析] 根据《行政强制法》第 50 条的规定，行政机关依法作出要求当事人

履行排除妨碍、恢复原状等义务的行政决定，当事人逾期不履行，经催告仍不履行，其后果已经或者将危害交通安全、造成环境污染或者破坏自然资源的，行政机关可以代履行，或者委托没有利害关系的第三人代履行。因此，县国土资源局可以委托没有利害关系的第三人代履行，也可以自己代履行。故 A 选项说法错误。

根据《行政强制法》第 51 条第 1 款的规定，代履行应当遵守下列规定：①代履行前送达决定书，代履行决定书应当载明当事人的姓名或者名称、地址，代履行的理由和依据、方式和时间、标的、费用预算以及代履行人；②代履行 3 日前，催告当事人履行，当事人履行的，停止代履行；③代履行时，作出决定的行政机关应当派员到场监督；④代履行完毕，行政机关到场监督的工作人员、代履行人和当事人或者见证人应当在执行文书上签名或者盖章。根据《行政强制法》第 52 条的规定，需要立即清除道路、河道、航道或者公共场所的遗洒物、障碍物或者污染物，当事人不能清除的，行政机关可以决定立即实施代履行；当事人不在场的，行政机关应当在事后立即通知当事人，并依法作出处理。由此可知，本案不属于需要立即清除的情形，县国土资源局应当在代履行前向该采石场送达决定书，而不是在实施代履行后通知该采石场。故 B 选项说法正确，C 选项说法错误。

根据《行政强制法》第 51 条第 2 款的规定，代履行的费用按照成本合理确定，由当事人承担。但是，法律另有规定的除外。因此，本案中，代履行的费用由该采石场承担，法律另有规定的除外。故 D 选项说法正确。

60. [考点] 行政强制执行的实施

[答案] AD

[解析] 根据《行政强制法》第 45 条第 2 款的规定，加处罚款或者滞纳金的数额不得超出金钱给付义务的数额。由此可知，该市卫计委加处的滞纳金数额不得超过社会抚养费 12 万元。故 A 选项说法正确。

根据《行政强制法》第 39 条的规定，当事人履行行政决定确有困难或者暂无履行能力的，中止执行。中止执行的情形消失后，行政机关应当恢复执行。对没有明显社会危害，当事人确无能力履行，中止执行满 3 年未恢复执行的，行政机关不再执行。由此可知，刘某、赵某二人履行行政决定确有困难的，该市卫计委应"中止"执行，而不是"终结"执行。故 B 选项说法错误。

根据《行政强制法》第42条第1款的规定，实施行政强制执行，行政机关可以在不损害公共利益和他人合法权益的情况下，与当事人达成执行协议。执行协议可以约定分阶段履行；当事人采取补救措施的，可以减免加处的罚款或者滞纳金。由此可知，在行政强制执行中，该市卫计委是可以与刘某、赵某二人达成执行协议的。故 C 选项说法错误。

根据《行政强制法》第54条的规定，行政机关申请人民法院强制执行前，应当催告当事人履行义务。催告书送达10日后当事人仍未履行义务的，行政机关可以向所在地有管辖权的人民法院申请强制执行；执行对象是不动产的，向不动产所在地有管辖权的人民法院申请强制执行。因此，该市卫计委申请人民法院强制执行前，应当催告刘某、赵某二人履行义务。故 D 选项说法正确。

61. [考点] 行政机关申请法院强制执行程序

[答案] CD

[解析] 根据《行政处罚法》第2条的规定，行政处罚是指行政机关依法对违反行政管理秩序的公民、法人或者其他组织，以减损权益或者增加义务的方式予以惩戒的行为。本案中，《责令交回土地决定书》是在土地征收中实施的行政行为，不以惩戒为目的，不属于行政处罚。故 A 选项说法错误。

根据《最高人民法院关于适用〈中华人民共和国行政诉讼法〉的解释》（以下简称《行政解释》）第156条的规定，没有强制执行权的行政机关申请人民法院强制执行其行政行为，应当自被执行人的法定起诉期限届满之日起3个月内提出。逾期申请的，除有正当理由外，人民法院不予受理。因此，县国土资源局申请执行的期限为该养猪专业合作社的"法定起诉期限"届满之日起3个月，而非该养猪专业合作社的"履行期限"届满之日起3个月。故 B 选项说法错误。

根据《行政强制法》第55条第1款第2项的规定，行政机关向人民法院申请强制执行，应当提供行政决定书及作出决定的事实、理由和依据。因此，县国土资源局应当向法院提供作出《责令交回土地决定书》的事实、理由和依据。故 C 选项说法正确。

根据《行政强制法》第60条第1款的规定，行政机关申请人民法院强制执行，不缴纳申请费。强制执行的费用由被执行人承担。因此，强制执行的费用由该养猪专业合作社承担。故 D 选项说法正确。

第9讲 行政公开

专题 ⑩ 政府信息公开

62. 2020年3月2日,北京市政府召开疫情防控新闻发布会,向社会通报在湖北监狱刑满释放的人员黄某离开武汉进入北京的细节。由于涉及黄某的个人隐私,根据《政府信息公开条例》的规定,下列哪一选项是正确的?(　　)(单选)

　A. 不得公开　　　　　　　　　B. 黄某不同意公开的,不予公开
　C. 予以公开　　　　　　　　　D. 只有经黄某同意后才能公开

[考　点] 政府信息公开的范围

63. 刘某系某集体企业职工,该企业经区政府批准后并入另一家集体企业。刘某向区政府申请公开该企业合并的全部档案。区政府作出拒绝公开的答复,理由是企业合并的档案涉及第三方,且已征询其意见,其答复是不同意公开。下列说法错误的有:(　　)(多选)

　A. 区政府应当在收到刘某申请之日起15个工作日内作出答复
　B. 刘某应当证明其申请公开的信息与其自身有利害关系
　C. 区政府拒绝公开该企业合并的档案的行为合法
　D. 区政府拒绝公开可以不说明理由

[考　点] 政府信息依申请公开的程序

64. 某环保公益组织以某企业造成环境污染为由提起环境公益诉讼,后因诉讼需要,向县生态环境局申请公开该企业的环境影响评价报告、排污许可证信息,申请公开的政府信息涉及该企业的商业秘密。县生态环境局向该企

业征求意见。下列哪些说法是不正确的？（　　）（多选）

A. 县生态环境局可以以口头方式征求该企业的意见

B. 该企业应当在 15 个工作日内提出意见

C. 该企业不同意公开的，县生态环境局即不予公开

D. 若县生态环境局决定予以公开，应当将决定公开的理由书面告知该企业

[考　点] 政府信息依申请公开的程序

65. 某环保联合会向县生态环境局申请公开某化工厂的排污许可证、排污口数量和位置等有关环境信息。县生态环境局以申请公开的内容不明确为由拒绝公开。下列哪些说法是不正确的？（　　）（多选）

A. 该环保联合会申请公开信息时应当提供其负责人的身份证明材料

B. 县生态环境局可以要求该环保联合会说明申请公开信息的理由

C. 县生态环境局拒绝公开的行为不合法

D. 若县生态环境局提供政府信息，可以向该环保联合会收取合理的信息处理费

[考　点] 政府信息依申请公开的申请、答复与费用

66. 在政府信息公开中，申请人申请公开政府信息的数量、频次明显超过合理范围的，行政机关可以采取哪些措施？（　　）（多选）

A. 行政机关可以要求申请人说明理由

B. 行政机关可以直接告知申请人不予处理

C. 行政机关可以收取信息处理费

D. 公安机关可以对申请人予以治安管理处罚

[考　点] 频繁申请公开政府信息的处理

67. 田某认为区人社局记载的有关他的社会保障信息有误，要求更正。下列说法正确的是：（　　）（任选）

A. 田某应当提供有关他的社会保障信息有误的证据

B. 区人社局有权更正的，应当予以更正并告知田某

C. 不属于区人社局职能范围的，区人社局告知田某不予受理

D. 不属于区人社局职能范围的，区人社局告知田某不予更正

[考　点] 政府信息更正

68. 下列哪些说法不符合《政府信息公开条例》的规定？（　　）（多选）

A. 2个以上行政机关共同制作的政府信息，由共同制作的行政机关负责公开

B. 行政机关的内部事务信息、行政机关在履行行政管理职能过程中形成的过程性信息以及行政执法案卷信息，不得公开

C. 申请人所申请公开信息不属于本行政机关负责公开的，告知申请人不予处理

D. 行政机关依申请公开政府信息，应当按照申请人要求的形式提供政府信息

[考 点] 政府信息公开的机关、范围与程序

答案及解析

62. [考 点] 政府信息公开的范围

[答 案] C

[解 析] 根据《政府信息公开条例》第15条的规定，涉及商业秘密、个人隐私等公开会对第三方合法权益造成损害的政府信息，行政机关不得公开。但是，第三方同意公开或者行政机关认为不公开会对公共利益造成重大影响的，予以公开。由于刑满释放人员黄某离开武汉进入北京的细节涉及疫情防控的重大公共利益，不公开会对公共利益造成重大影响，因此对涉及黄某的个人隐私的信息予以公开。故C选项说法正确。

63. [考 点] 政府信息依申请公开的程序

[答 案] ABCD

[解 析] 根据《政府信息公开条例》第33条第1、2款的规定，行政机关收到政府信息公开申请，能够当场答复的，应当当场予以答复。行政机关不能当场答复的，应当自收到申请之日起20个工作日内予以答复；需要延长答复期限的，应当经政府信息公开工作机构负责人同意并告知申请人，延长的期限最长不得超过20个工作日。因此，区政府收到刘某的申请，能够当场答复的，应当当场予以答复；不能当场答复的，应当自收到申请之日起20个工作日内予以答复。故A选项说法错误，当选。

　　公民申请获取政府信息是公民行使知情权，无须与申请的政府信息存在利害关系。《政府信息公开条例》没有要求申请人与申请公开的政府信息具有利害关系。故B选项说法错误，当选。

根据《政府信息公开条例》第32条的规定，依申请公开的政府信息公开会损害第三方合法权益的，行政机关应当书面征求第三方的意见。第三方应当自收到征求意见书之日起15个工作日内提出意见。第三方逾期未提出意见的，由行政机关依照本条例的规定决定是否公开。第三方不同意公开且有合理理由的，行政机关不予公开。行政机关认为不公开可能对公共利益造成重大影响的，可以决定予以公开，并将决定公开的政府信息内容和理由书面告知第三方。由此可知，行政机关应当征求第三方的意见，第三方不同意公开且有合理理由的，行政机关不予公开。故C选项说法错误，当选。

根据《政府信息公开条例》第36条第3项的规定，对政府信息公开申请，行政机关依据本条例的规定决定不予公开的，告知申请人不予公开并说明理由。因此，区政府拒绝公开的，应当说明理由。故D选项说法错误，当选。

64. [考 点] 政府信息依申请公开的程序

[答 案] AC

[解 析] 根据《政府信息公开条例》第32条的规定，依申请公开的政府信息公开会损害第三方合法权益的，行政机关应当书面征求第三方的意见。第三方应当自收到征求意见书之日起15个工作日内提出意见。第三方逾期未提出意见的，由行政机关依照本条例的规定决定是否公开。第三方不同意公开且有合理理由的，行政机关不予公开。行政机关认为不公开可能对公共利益造成重大影响的，可以决定予以公开，并将决定公开的政府信息内容和理由书面告知第三方。因此，申请公开的政府信息涉及该企业的商业秘密，县生态环境局应当书面征求该企业的意见，而不得以口头方式征求该企业的意见。故A选项说法不正确，当选。该企业应当自收到征求意见书之日起15个工作日内提出意见。故B选项说法正确，不当选。该企业不同意公开且有合理理由的，县生态环境局不予公开，但是县生态环境局认为不公开可能对公共利益造成重大影响的，可以决定予以公开。C选项说法过于绝对，故不正确，当选。若县生态环境局决定予以公开，不仅应当将决定公开的政府信息内容书面告知该企业，还应当将决定公开的理由书面告知该企业。故D选项说法正确，不当选。

65. [考点] 政府信息依申请公开的申请、答复与费用

[答案] ABD

[解析] 根据《政府信息公开条例》第29条第2款的规定，政府信息公开申请应当包括下列内容：①申请人的姓名或者名称、身份证明、联系方式；②申请公开的政府信息的名称、文号或者便于行政机关查询的其他特征性描述；③申请公开的政府信息的形式要求，包括获取信息的方式、途径。由此可知，申请公开信息的理由不属于政府信息公开申请的内容。因此，县生态环境局无权要求该环保联合会说明申请公开信息的理由。故 B 选项说法不正确，当选。根据《政府信息公开条例》第29条第2款第1项的规定，申请人的身份证明属于政府信息公开申请的内容。因此，该环保联合会申请公开信息时应当提供该环保联合会的身份证明材料，但不是其负责人的身份证明材料。故 A 选项说法不正确，当选。

根据《政府信息公开条例》第30条的规定，政府信息公开申请内容不明确的，行政机关应当给予指导和释明，并自收到申请之日起7个工作日内一次性告知申请人作出补正，说明需要补正的事项和合理的补正期限。由此可知，县生态环境局认为该环保联合会申请公开的内容不明确的，应当给予指导和释明，并自收到申请之日起7个工作日内一次性告知该环保联合会作出补正，而不是以申请公开的内容不明确为由拒绝公开。因此，县生态环境局拒绝公开的行为不合法。故 C 选项说法正确，不当选。

根据《政府信息公开条例》第42条第1款的规定，行政机关依申请提供政府信息，不收取费用。但是，申请人申请公开政府信息的数量、频次明显超过合理范围的，行政机关可以收取信息处理费。由题干可知，该环保联合会申请公开政府信息未超过合理范围，县生态环境局不可收取信息处理费。故 D 选项说法不正确，当选。

66. [考点] 频繁申请公开政府信息的处理

[答案] AC

[解析] 根据《政府信息公开条例》第35条的规定，申请人申请公开政府信息的数量、频次明显超过合理范围，行政机关可以要求申请人说明理由。行政机关认为申请理由不合理的，告知申请人不予处理；行政机关认为申请理由合理，但是无法在本条例第33条规定的期限内答复申请人的，可以确定延迟答复的合理期限并告知申请人。由此可知，行政机关可以要求申

请人说明理由。故 A 选项当选。行政机关认为申请理由不合理的，告知申请人不予处理。故 B 选项中行政机关直接告知申请人不予处理的做法错误，不当选。

根据《政府信息公开条例》第42条第1款的规定，行政机关依申请提供政府信息，不收取费用。但是，申请人申请公开政府信息的数量、频次明显超过合理范围的，行政机关可以收取信息处理费。因此，行政机关可以向申请人收取信息处理费。故 C 选项当选。

《政府信息公开条例》和《治安管理处罚法》没有规定对申请人申请公开政府信息的数量、频次明显超过合理范围予以处罚，根据"法无授权不可为"，公安机关无权对申请人予以治安管理处罚。故 D 选项不当选。

67. [考点] 政府信息更正

[答案] A

[解析] 根据《政府信息公开条例》第41条的规定，公民、法人或者其他组织有证据证明行政机关提供的与其自身相关的政府信息记录不准确的，可以要求行政机关更正。有权更正的行政机关审核属实的，应当予以更正并告知申请人；不属于本行政机关职能范围的，行政机关可以转送有权更正的行政机关处理并告知申请人，或者告知申请人向有权更正的行政机关提出。由此可知，田某认为区人社局记载的有关他的社会保障信息有误，应当提供信息有误的证据。故 A 选项说法正确。区人社局有权更正并审核属实的，应当予以更正并告知田某。故 B 选项说法不正确。不属于区人社局职能范围的，区人社局可以转送有权更正的行政机关处理并告知田某，或者告知田某向有权更正的行政机关提出。故 CD 选项说法不正确。

68. [考点] 政府信息公开的机关、范围与程序

[答案] ABCD

[解析] 根据《政府信息公开条例》第10条第3款的规定，2个以上行政机关共同制作的政府信息，由牵头制作的行政机关负责公开。由此可知，2个以上行政机关共同制作的政府信息，由牵头制作的行政机关负责公开，而不是由共同制作的行政机关负责公开。故 A 选项说法不符合《政府信息公开条例》的规定，当选。

根据《政府信息公开条例》第16条的规定，行政机关的内部事务信

息，包括人事管理、后勤管理、内部工作流程等方面的信息，可以不予公开。行政机关在履行行政管理职能过程中形成的讨论记录、过程稿、磋商信函、请示报告等过程性信息以及行政执法案卷信息，可以不予公开。法律、法规、规章规定上述信息应当公开的，从其规定。由此可知，行政机关的内部事务信息、行政机关在履行行政管理职能过程中形成的过程性信息以及行政执法案卷信息，是"可以不予公开"，而不是"不得公开"。故B选项说法不符合《政府信息公开条例》的规定，当选。

根据《政府信息公开条例》第36条的规定，对政府信息公开申请，行政机关根据下列情况分别作出答复：……⑤所申请公开信息不属于本行政机关负责公开的，告知申请人并说明理由；能够确定负责公开该政府信息的行政机关的，告知申请人该行政机关的名称、联系方式。……由此可知，申请人所申请公开信息不属于本行政机关负责公开的，告知申请人并说明理由（能够确定负责公开该政府信息的行政机关的，告知申请人该行政机关的名称、联系方式），而不是"不予处理"。故C选项说法不符合《政府信息公开条例》的规定，当选。

根据《政府信息公开条例》第40条的规定，行政机关依申请公开政府信息，应当根据申请人的要求及行政机关保存政府信息的实际情况，确定提供政府信息的具体形式；按照申请人要求的形式提供政府信息，可能危及政府信息载体安全或者公开成本过高的，可以通过电子数据以及其他适当形式提供，或者安排申请人查阅、抄录相关政府信息。由此可知，行政机关依申请公开政府信息是根据申请人的要求及行政机关保存政府信息的实际情况来确定提供政府信息的具体形式。故D选项说法不符合《政府信息公开条例》的规定，当选。

第10讲 行政复议

专题 11 行政复议制度

69. 下列选项属于行政复议范围的是：（　　）（任选）

　　A. 张某以县政府征收其房屋给予的补偿金额太低为由申请行政复议

　　B. 李某以县政府拒绝赔偿拆除其房屋的损失为由申请行政复议

　　C. 王某以县政府未按约定履行与其签订的房屋征收补偿协议为由申请行政复议

　　D. 县政府发布了关于全县征地补偿安置标准的文件，村民杨某以文件确定的补偿标准过低为由申请行政复议

　　[考 点] 行政复议范围

70. 某市的区公安分局派出所突击检查黄某经营的洗浴城，黄某向正在卖淫嫖娼的人员通风报信，使得派出所突击检查一无所获。派出所工作人员将黄某带回调查，黄某因受到逼供而说出实情。派出所据此决定对黄某罚款500元，黄某不服，申请行政复议。下列哪些选项是正确的？（　　）（多选）

　　A. 区公安分局派出所是被申请人

　　B. 区公安分局是被申请人

　　C. 区公安分局是复议机关

　　D. 区政府是复议机关

　　[考 点] 行政复议被申请人与行政复议机关

71. 关于行政复议的管辖，下列说法错误的是：（　　）（多选）

　　A. 对中国证监会作出的行政处罚决定不服的，当事人可以向国务院申请复议

　　B. 对市公安局作出的行政处罚决定不服的，当事人可以向市政府或者省公安厅申请复议

C. 对市司法局作出的行政处罚决定不服的，当事人可以向市政府或者省司法厅申请复议

D. 对市税务局作出的行政处罚决定不服的，当事人可以向市政府或者省税务局申请复议

[考点] 行政复议管辖

72. 2019年3月15日，严某向某市房管局递交出让方为郭某（严某之母）、受让方为严某的房产交易申请表以及相关材料。同年4月20日，该市房管局向严某核发了房屋所有权证。2023年10月5日，郭某因家庭纠纷想出售该房产，发现该房产已不在其名下，遂于2024年1月5日申请行政复议，要求撤销该市房管局向严某核发的房屋所有权证，并给自己核发新证。下列说法正确的是：（　　）（任选）

A. 本案的复议申请期限为1年

B. 本案的复议申请期限从2019年4月20日起算

C. 本案的复议申请期限从2023年10月5日起算

D. 行政复议机关不予受理案件

[考点] 行政复议申请期限

73. 甲市乙区政府决定征收某村集体土地100亩。该村的50户村民不服，申请行政复议。下列说法正确的是：（　　）（任选）

A. 甲市政府在收到50户村民复议申请后的5日审查期限届满未作出不予受理决定的，收到复议申请之日起即为受理

B. 复议申请材料不齐全的，甲市政府应当自收到复议申请之日起5日内一次性书面通知50户村民需要补正的事项

C. 50户村民未在法定申请期限内提出复议申请的，甲市政府应当在收到复议申请后的5日内决定不予受理并说明理由

D. 甲市政府受理复议申请后，发现50户村民未在法定申请期限内提出复议申请的，应当决定驳回复议请求并说明理由

[考点] 行政复议受理

74. 某市市场监督管理局对美誉公司未取得出版物经营许可证销售电子出版物100套的行为，依据规章作出罚款6000元的决定。美誉公司向该市政府申请

复议。下列哪些说法是不正确的？（　　）（多选）

A. 该市政府参照规章审理行政复议案件

B. 该市市场监督管理局提出采取听证方式审理的要求的，应采取听证的方式审理

C. 本案可以书面审理

D. 若本案经过听证，应当根据听证笔录作出行政复议决定

[考　点] 行政复议审理

75. 2020年6月5日，房东田某至租赁房屋处与转租租客陈某就房屋租赁问题进行交涉，后发生肢体冲突。某公安分局根据《治安管理处罚法》第43条第1款的规定，决定对陈某处以行政拘留5日的处罚。陈某申请行政复议。在复议案件审理过程中，该公安分局根据《刑事诉讼法》第115条的规定，对陈某以涉嫌寻衅滋事罪为由进行刑事拘留。行政复议程序如何进行？（　　）（单选）

A. 不影响行政复议案件的审理

B. 行政复议终止

C. 若陈某撤回行政复议申请，行政复议终止

D. 对刑事拘留进行审理

[考　点] 行政复议程序

76. 根据《治安管理处罚法》第64条第1项的规定，偷开他人机动车的，处500元以上1000元以下罚款；情节严重的，处10日以上15日以下拘留，并处500元以上1000元以下罚款。王某因偷开陶某的轿车被县公安局处以行政拘留12日，并处罚款800元。王某承认自己确实偷开了陶某的轿车，但认为县公安局的处罚太重而申请复议。关于行政复议，下列哪些说法是错误的？（　　）（多选）

A. 行政复议机构是县政府

B. 县公安局应当自收到行政复议申请书副本之日起5日内提交作出行政拘留和罚款的证据

C. 行政复议期间，县公安局不得自行向王某收集证据

D. 行政复议期间，县公安局不得补充证据

[考　点] 行政复议机构与行政复议证据

77. 某省会城市市场监督管理局对违法占道经营的商家甲依据省政府规章和市市场监督管理局的规定作出了暂扣营业执照和罚款的处罚。甲不服,向市政府申请行政复议,并申请审查市市场监督管理局的规定。市政府在审查的过程中,发现不仅市市场监督管理局的规定不合法,而且省政府规章也有某些规定可能不合法。下列哪些说法是正确的?（　　）（多选）

A. 市政府应当在30日内对市市场监督管理局的规定进行处理

B. 市政府应当书面通知市市场监督管理局就其规定的合法性提出书面答复

C. 市政府应当在7日内将省政府规章按程序转送有权机关处理

D. 市政府应当决定停止该规定的执行,并责令市市场监督管理局予以纠正

[考点] 行政复议附带审查

78. 2024年1月3日,某交通警察大队在执勤期间,发现一辆重型半挂牵引车的挂车号牌存在污损,对车辆进行拦检后,认定驾驶员何某存在驾驶污损机动车号牌的机动车上道路行驶的行为,遂依据《道路交通安全法》和《机动车驾驶证申领和使用规定》的规定,当场作出罚款200元、记9分的《公安交通管理简易程序处罚决定书》。次日,何某认为其不存在故意污损号牌的事实,对处罚决定不服,申请行政复议。下列哪些说法是正确的?（　　）（多选）

A. 何某可以通过该交通警察大队提交行政复议申请

B. 本案不得适用简易程序审理

C. 何某可以不经复议直接提起行政诉讼

D. 若处罚决定事实清楚,证据确凿,程序合法,但是未正确适用依据,复议机关可以作出变更决定

[考点] 行政复议申请、受理与决定

79. 县房地产管理局拒绝对鲁某的房屋予以产权登记。鲁某向县政府申请行政复议,县政府进行调解后,制作了县房地产管理局在30日内对鲁某的房屋予以产权登记的复议调解书,但县房地产管理局仍然拒绝进行登记。下列说法正确的是:（　　）（任选）

A. 本案不适用调解

B. 由于县房地产管理局不履行复议调解书,县政府应当作出行政复议决定

C. 县政府应当责令县房地产管理局进行登记

D. 县政府可以约谈县房地产管理局的有关负责人或者予以通报批评

[考点] 行政复议调解及其执行

答案及解析

69. [考点] 行政复议范围

[答案] ABC

[解析] 根据《行政复议法》第 11 条的规定，有下列情形之一的，公民、法人或者其他组织可以依照本法申请行政复议：……⑤对行政机关作出的征收征用决定及其补偿决定不服；……因此，张某认为县政府征收其房屋给予的补偿金额太低，可以申请行政复议。故 A 选项当选。

根据《行政复议法》第 11 条的规定，有下列情形之一的，公民、法人或者其他组织可以依照本法申请行政复议：……⑥对行政机关作出的赔偿决定或者不予赔偿决定不服；……因此，李某对县政府拒绝赔偿拆除其房屋的损失，可以申请行政复议。故 B 选项当选。

根据《行政复议法》第 11 条的规定，有下列情形之一的，公民、法人或者其他组织可以依照本法申请行政复议：……⑬认为行政机关不依法订立、不依法履行、未按照约定履行或者违法变更、解除政府特许经营协议、土地房屋征收补偿协议等行政协议；……因此，王某认为县政府未按约定履行与其签订的房屋征收补偿协议，可以申请行政复议。故 C 选项当选。

根据《行政复议法》第 12 条的规定，下列事项不属于行政复议范围：……②行政法规、规章或者行政机关制定、发布的具有普遍约束力的决定、命令等规范性文件；……县政府发布的关于全县征地补偿安置标准的文件属于行政机关制定、发布的具有普遍约束力的决定、命令等规范性文件，不属于行政复议范围。故 D 选项不当选。

70. [考点] 行政复议被申请人与行政复议机关

[答案] AD

[解析] 根据《治安管理处罚法》第 91 条的规定，治安管理处罚由县级以上人民政府公安机关决定；其中警告、500 元以下的罚款可以由公安派出所决定。因此，区公安分局派出所经法律授权对黄某罚款 500 元，黄某不服，

申请行政复议，被申请人应为区公安分局派出所。故 A 选项正确，B 选项错误。

根据《行政复议法》第 24 条第 4 款的规定，对县级以上地方各级人民政府工作部门依法设立的派出机构依照法律、法规、规章规定，以派出机构的名义作出的行政行为不服的行政复议案件，由本级人民政府管辖；其中，对直辖市、设区的市人民政府工作部门按照行政区划设立的派出机构作出的行政行为不服的，也可以由其所在地的人民政府管辖。因此，区公安分局是区政府的工作部门，派出所是区公安分局的派出机构，黄某对派出所作出的罚款决定不服，应当向区政府申请行政复议。故 C 选项错误，D 选项正确。

71.

[考点] 行政复议管辖

[答案] ABD

[解析] 根据《行政复议法》第 25 条的规定，国务院部门管辖下列行政复议案件：①对本部门作出的行政行为不服的；……根据《行政复议法》第 26 条的规定，对省、自治区、直辖市人民政府依照本法第 24 条第 2 款的规定、国务院部门依照本法第 25 条第 1 项的规定作出的行政复议决定不服的，可以向人民法院提起行政诉讼；也可以向国务院申请裁决，国务院依照本法的规定作出最终裁决。因此，对中国证监会作出的行政处罚决定不服的，当事人可以向中国证监会申请行政复议；对中国证监会作出的行政复议决定不服的，可以向国务院申请裁决，但不能直接向国务院申请复议。故 A 选项说法错误，当选。

根据《行政复议法》第 24 条第 1 款的规定，县级以上地方各级人民政府管辖下列行政复议案件：①对本级人民政府工作部门作出的行政行为不服的；……市公安局为市政府的工作部门，对其作出的行政处罚决定不服的，当事人可以向市政府申请复议，但不能向省公安厅申请复议。故 B 选项说法错误，当选。

根据《行政复议法》第 28 条的规定，对履行行政复议机构职责的地方人民政府司法行政部门的行政行为不服的，可以向本级人民政府申请行政复议，也可以向上一级司法行政部门申请行政复议。市司法局为履行行政复议机构职责的市政府司法行政部门，对其作出的行政处罚决定不服的，当事人可以向市政府或者省司法厅申请复议。故 C 选项说法正确，不当选。

根据《行政复议法》第 27 条的规定，对海关、金融、外汇管理等实行垂直领导的行政机关、税务和国家安全机关的行政行为不服的，向上一级主管部门申请行政复议。因此，对市税务局作出的行政处罚决定不服的，当事人可以向省税务局申请复议，但不能向市政府申请复议。故 D 选项说法错误，当选。

72. [考点] 行政复议申请期限

[答案] CD

[解析] 根据《行政复议法》第 20 条第 1 款的规定，公民、法人或者其他组织认为行政行为侵犯其合法权益的，可以自知道或者应当知道该行政行为之日起 60 日内提出行政复议申请；但是法律规定的申请期限超过 60 日的除外。因此，郭某申请行政复议的期限为 60 日。故 A 选项说法错误。2023 年 10 月 5 日，郭某想出售该房产，发现该房产已不在其名下，即 2023 年 10 月 5 日为郭某知道行政行为之日，因此，本案的复议申请期限从 2023 年 10 月 5 日起算。故 B 选项说法错误，C 选项说法正确。

根据《行政复议法》第 30 条第 1、2 款的规定，行政复议机关收到行政复议申请后，应当在 5 日内进行审查。对符合下列规定的，行政复议机关应当予以受理：……④在法定申请期限内提出；……对不符合前款规定的行政复议申请，行政复议机关应当在审查期限内决定不予受理并说明理由。本案中，郭某应当自 2023 年 10 月 5 日起 60 日内申请行政复议，其在 2024 年 1 月 5 日申请行政复议不符合"在法定申请期限内提出"，因此，行政复议机关不予受理案件。故 D 选项说法正确。

73. [考点] 行政复议受理

[答案] BC

[解析] 根据《行政复议法》第 30 条第 3 款的规定，行政复议申请的审查期限届满，行政复议机关未作出不予受理决定的，审查期限届满之日起视为受理。因此，甲市政府在收到 50 户村民复议申请后的 5 日审查期限届满未作出不予受理决定的，应当是审查期限届满之日起视为受理，而不是收到复议申请之日起即为受理。故 A 选项说法错误。

根据《行政复议法》第 31 条第 1 款的规定，行政复议申请材料不齐全或者表述不清楚，无法判断行政复议申请是否符合本法第 30 条第 1 款规定的，行政复议机关应当自收到申请之日起5日内书面通知申请人补正。补正通知应当一次性载明需要补正的事项。因此，复议申请材料不齐全的，甲市政府应当自收到复议申请之日起5日内一次性书面通知50户村民需要补正的事项。故B选项说法正确。

根据《行政复议法》第30条第2款的规定，对不符合前款规定的行政复议申请，行政复议机关应当在审查期限内决定不予受理并说明理由；不属于本机关管辖的，还应当在不予受理决定中告知申请人有管辖权的行政复议机关。因此，50户村民未在法定申请期限内提出复议申请的，甲市政府应当在收到复议申请后的5日内决定不予受理并说明理由。故C选项说法正确。

根据《行政复议法》第33条的规定，行政复议机关受理行政复议申请后，发现该行政复议申请不符合本法第30条第1款规定的，应当决定驳回申请并说明理由。因此，甲市政府受理复议申请后，发现50户村民未在法定申请期限内提出复议申请的，应当决定驳回申请并说明理由，而不是决定驳回复议请求。故D选项说法错误。

74.

[考点] 行政复议审理

[答案] ABC

[解析] 根据《行政复议法》第37条第1款的规定，行政复议机关依照法律、法规、规章审理行政复议案件。由此可知，该市政府依照规章审理行政复议案件，而非参照规章审理行政复议案件。故A选项说法不正确，当选。

根据《行政复议法》第50条第2款的规定，行政复议机构认为有必要听证，或者申请人请求听证的，行政复议机构可以组织听证。由此可知，申请人美誉公司提出要求时，可以采取听证的方式审理，而非被申请人该市市场监督管理局提出采取听证方式审理的要求。故B选项说法不正确，当选。

根据《行政复议法》第49条的规定，适用普通程序审理的行政复议案件，行政复议机构应当当面或者通过互联网、电话等方式听取当事人的意见，并将听取的意见记录在案。因当事人原因不能听取意见的，可以书面审理。由此可知，本案作为适用普通程序审理的行政复议案件，该市政府应当听取当事人的意见，只有因当事人原因不能听取意见的，才可以书面审理。故 C 选项说法不正确，当选。

根据《行政复议法》第 61 条第 2 款的规定，经过听证的行政复议案件，行政复议机关应当根据听证笔录、审查认定的事实和证据，依照本法作出行政复议决定。由此可知，若本案经过听证，应当根据听证笔录作出行政复议决定。故 D 选项说法正确，不当选。

75. [考点] 行政复议程序

[答案] B

[解析] 根据《行政复议法》第 41 条的规定，行政复议期间有下列情形之一的，行政复议机关决定终止行政复议：……④申请人对行政拘留或者限制人身自由的行政强制措施不服申请行政复议后，因同一违法行为涉嫌犯罪，被采取刑事强制措施；……本案中，陈某针对行政拘留申请行政复议，后行政拘留变更为刑事拘留，行政复议终止。故 B 选项当选。

76. [考点] 行政复议机构与行政复议证据

[答案] ABD

[解析] 根据《行政复议法》第 4 条第 1、2 款的规定，县级以上各级人民政府以及其他依照本法履行行政复议职责的行政机关是行政复议机关。行政复议机关办理行政复议事项的机构是行政复议机构。行政复议机构同时组织办理行政复议机关的行政应诉事项。由此可知，县政府作为行政复议机关，行政复议机构可以是县政府负责法制工作的机构——县司法局。故 A 选项说法错误，当选。

根据《行政复议法》第 48 条的规定，行政复议机构应当自行政复议申请受理之日起 7 日内，将行政复议申请书副本或者行政复议申请笔录复印件发送被申请人。被申请人应当自收到行政复议申请书副本或者行政复议申请笔录复印件之日起 10 日内，提出书面答复，并提交作出行政行为的证据、依据和其他有关材料。根据《行政复议法》第 54 条第 1 款的规定，适用简易程序审理的行政复议案件，行政复议机构应当自受理行政复议申请之日起 3 日内，将行政复议申请书副本或者行政复议申请笔录复印件发送被申请人。被申请人应当自收到行政复议申请书副本或者行政复议申请笔录复印件之日起 5 日内，提出书面答复，并提交作出行政行为的证据、依据和其他有关材料。由此可知，只有适用简易程序审理的行政复议案件，被申请人才应当自收到行政复议申请书副本之日起5日内提交作出行政行为的证据，而本案是适用普通程序审理的行政复议案件，被申请人县公安局应当自收到行政复议申请书副本之日起10日内提交作出行政拘留和罚款的证据。故B选项说法错误，当选。

根据《行政复议法》第46条第1款的规定，行政复议期间，被申请人不得自行向申请人和其他有关单位或者个人收集证据；自行收集的证据不作为认定行政行为合法性、适当性的依据。由此可知，行政复议期间，被申请人县公安局不得自行向申请人王某收集证据。故C选项说法正确，不当选。

根据《行政复议法》第46条第2款的规定，行政复议期间，申请人或者第三人提出被申请行政复议的行政行为作出时没有提出的理由或者证据的，经行政复议机构同意，被申请人可以补充证据。由此可知，行政复议期间，申请人王某或者第三人提出被申请行政复议的行政行为作出时没有提出的理由或者证据的，经行政复议机构同意，被申请人县公安局可以补充证据。故D选项说法错误，当选。

77. [考点] 行政复议附带审查

[答案] ABCD

[解析] 根据《行政复议法》第56条的规定，申请人依照本法第13条的规定提出对有关规范性文件的附带审查申请，行政复议机关有权处理的，应当在30日内依法处理；无权处理的，应当在7日内转送有权处理的行政机关依法处理。由此可知，甲可以在对暂扣营业执照和罚款的处罚申请行政复议的同时，提出对市市场监督管理局的规定一并审查的申请。市政府对市市场监督管理局的规定有权处理的，应当在30日内依法处理。故A选项说法正确。

根据《行政复议法》第58条第1款的规定，行政复议机关依照本法第56、57条的规定有权处理有关规范性文件或者依据的，行政复议机构应当自行政复议中止之日起3日内，书面通知规范性文件或者依据的制定机关就相关条款的合法性提出书面答复。制定机关应当自收到书面通知之日起10日内提交书面答复及相关材料。由此可知，市政府应当书面通知市市场监督管理局就其规定的合法性提出书面答复。故B选项说法正确。

根据《行政复议法》第57条的规定，行政复议机关在对被申请人作出的行政行为进行审查时，认为其依据不合法，本机关有权处理的，应当在30日内依法处理；无权处理的，应当在7日内转送有权处理的国家机关依法处理。由此可知，市政府无权处理省政府规章，应当在7日内将省政府规章按程序转送有权机关处理。故C选项说法正确。

根据《行政复议法》第59条的规定，行政复议机关依照本法第56、57条的规定有权处理有关规范性文件或者依据，认为相关条款合法的，在行政复议决定书中一并告知；认为相关条款超越权限或者违反上位法的，决定停止该条款的执行，并责令制定机关予以纠正。由此可知，市政府认为市市场监督管理局的规定不合法的，应当决定停止该规定的执行，并责令市市场监督管理局予以纠正。故D选项说法正确。

78. [考点] 行政复议申请、受理与决定

[答案] AD

[解析] 根据《行政复议法》第32条第1款的规定，对当场作出或者依据电子技术监控设备记录的违法事实作出的行政处罚决定不服申请行政复议的，可以通过作出行政处罚决定的行政机关提交行政复议申请。本案中，被申请行政复议的行政行为是当场作出的行政处罚决定，何某可以通过作出行政处罚决定的行政机关——该交通警察大队提交行政复议申请。故A选项说法正确。

根据《行政复议法》第53条的规定，行政复议机关审理下列行政复议案件，认为事实清楚、权利义务关系明确、争议不大的，可以适用简易程序：①被申请行政复议的行政行为是当场作出；②被申请行政复议的行政行为是警告或者通报批评；③案件涉及款额3000元以下；④属于政府信息公开案件。除前款规定以外的行政复议案件，当事人各方同意适用简易程序的，可以适用简易程序。本案中，被申请行政复议的行政行为是当场作出的行政处罚决定，可以适用简易程序。此外，当事人各方同意适用简易程序的，可以适用简易程序。因此，本案不得适用简易程序审理的说法不正确。故B选项说法错误。

根据《行政复议法》第23条第1款的规定，有下列情形之一的，申请人应当先向行政复议机关申请行政复议，对行政复议决定不服的，可以再依法向人民法院提起行政诉讼：①对当场作出的行政处罚决定不服；……本案中，被申请行政复议的行政行为是当场作出的行政处罚决定，因此，

何某不能直接对处罚决定提起行政诉讼。何某应当先申请行政复议；对行政复议决定不服的，可以再提起行政诉讼。故 C 选项说法错误。

根据《行政复议法》第 63 条第 1 款的规定，行政行为有下列情形之一的，行政复议机关决定变更该行政行为：……②事实清楚，证据确凿，程序合法，但是未正确适用依据；……因此，处罚决定事实清楚，证据确凿，程序合法，但是未正确适用依据的，复议机关可以作出变更决定。故 D 选项说法正确。

79. [考 点] 行政复议调解及其执行

[答 案] CD

[解 析] 根据《行政复议法》第 5 条第 1 款的规定，行政复议机关办理行政复议案件，可以进行调解。因此，本案可以适用调解。故 A 选项说法错误。

根据《行政复议法》第 73 条第 2 款的规定，调解未达成协议或者调解书生效前一方反悔的，行政复议机关应当依法审查或者及时作出行政复议决定。由此可知，调解未达成协议或者调解书生效前一方反悔的，行政复议机关才应当依法审查或者作出行政复议决定。本案中，县政府已经作出了复议调解书，县房地产管理局不履行复议调解书的，应当强制执行，而不是作出行政复议决定。故 B 选项说法错误。

根据《行政复议法》第 77 条的规定，被申请人应当履行行政复议决定书、调解书、意见书。被申请人不履行或者无正当理由拖延履行行政复议决定书、调解书、意见书的，行政复议机关或者有关上级行政机关应当责令其限期履行，并可以约谈被申请人的有关负责人或者予以通报批评。因此，县房地产管理局不履行复议调解书的，县政府应当责令县房地产管理局限期进行登记，并可以约谈县房地产管理局的有关负责人或者予以通报批评。故 CD 选项说法正确。

第11讲 行政诉讼

专题 ⑫ 行政诉讼之一：受案范围与管辖

80. 下列哪些行为不属于行政诉讼受案范围？（　　）（多选）

　　A. 市卫健委不依法履行主动公开法定传染病信息义务的行为

　　B. 市土地登记机构执行法院生效判决时，扩大判决确定的土地范围进行登记的行为

　　C. 市信访局向市公安局转送信访事项的行为

　　D. 王某要求市统计局对若干政府信息进行分析，市统计局予以拒绝的行为

　　[考 点] 行政诉讼受案范围

81. 下列哪些案件不属于行政诉讼受案范围？（　　）（多选）

　　A. 李某不服劳动争议仲裁裁决，向法院起诉

　　B. 李某不服房屋征收部门对其作出的补偿决定，向法院起诉

　　C. 某外国人不服公安机关出入境管理机构对其作出的不予办理普通签证延期的决定，向法院起诉

　　D. 李某不服市政府发布的征收土地补偿费标准，向法院起诉

　　[考 点] 行政诉讼受案范围

82. 下列事项属于行政诉讼受案范围的是：（　　）（任选）

　　A. 某燃气公司因市政府解除与其签订的政府特许经营协议而提起的诉讼

　　B. 县政府因张某不履行与其签订的房屋征收补偿协议而提起的诉讼

　　C. 某矿业公司因认为县政府与其签订的煤矿使用权出让协议无效而提起的诉讼

D. 某投资公司因认为甲、乙两地政府签订的公务协助协议违法而提起的诉讼

[考点] 行政诉讼受案范围

83. 关于行政诉讼的管辖，下列说法正确的是：（　　）（任选）

   A. 对某机场海关作出的罚款决定不服的案件，应由该机场海关所在地的中级法院管辖
   B. 对某县政府作出的强制拆除决定不服的案件，应由该县政府所在地的基层法院管辖
   C. 对国家发改委作出的处罚决定不服的案件，应由国家发改委所在地的中级法院管辖
   D. 对某县税务局作出的罚款决定申请复议，市税务局作出复议改变决定，对复议改变决定不服的案件，应由市税务局所在地的基层法院管辖

   [考点] 行政诉讼管辖

84. 因某生物科技有限责任公司（位于甲市A区）生产的疫苗所含成分与国家药品标准规定的成分不符，省药监局（位于甲市B区）决定吊销该公司的《药品生产许可证》。该公司不服，向省政府（位于甲市C区）申请复议。省政府以程序违法为由作出确认省药监局吊销《药品生产许可证》的行为违法的复议决定。该公司遂向法院起诉。关于本案的管辖法院，下列说法正确的是：（　　）（任选）

   A. 甲市A区法院有管辖权
   B. 甲市B区法院有管辖权
   C. 甲市C区法院有管辖权
   D. 甲市中级法院有管辖权

   [考点] 行政诉讼的地域管辖

85. 李某家住某市A区，酒后驾车闯入某汽车站，造成该汽车站秩序混乱。该汽车站所在地某市B区公安分局以酒后驾车为由对李某采取限制人身自由的强制措施，并对李某驾驶的车辆予以扣押。李某不服，申请复议。位于某市C区的市公安局以李某扰乱公共秩序为由，维持B区公安分局的强制措施决定。李某不服，欲提起诉讼。则其可向哪些法院提起诉讼？（　　）（多选）

A. 某市 A 区法院　　　　　　B. 某市 B 区法院
C. 某市 C 区法院　　　　　　D. 某市中级法院

[考 点] 行政诉讼管辖

86. 2015 年 2 月，甲市的张某去乙地海关提取一批从国外进口的香料。在此过程中，张某被乙地海关根据《海关法》以"涉嫌走私犯罪"为由扣留。扣留后，乙地海关又认定：张某的行为不构成走私犯罪，但存在违反海关监管规定的行为，决定免予处罚，故将张某释放。下列哪些选项是正确的？（　　）（多选）

A. 海关的行为有《刑事诉讼法》明确授权，依法不属于行政诉讼受案范围
B. 张某可以向甲市中级法院提起行政诉讼
C. 张某可以向乙地海关所在地的市人民政府申请行政复议
D. 张某可以向乙地海关的上一级海关申请行政复议

[考 点] 行政诉讼受案范围、管辖和行政复议机关

专题 ⑬ 行政诉讼之三：当事人

87. 齐某向某省交通运输厅道路运输局邮寄申请，认为某客运公司侵占其运营路线，要求依法予以查处，并吊销该客运公司的道路运输经营许可证。该省交通运输厅道路运输局一直未作出答复。齐某提起行政诉讼，该省交通运输厅道路运输局答辩称，根据《道路交通安全法》及某省的相关规定，对违反规定线路行驶行为的执法权属于省内各级交通稽查机构，该局不予答复并无不当。下列哪些说法是正确的？（　　）（多选）

A. 齐某具有原告资格
B. 该客运公司为本案第三人
C. 齐某委托诉讼代理人的，应当向法院提交授权委托书
D. 该省交通运输厅道路运输局只委托律师出庭应诉

[考 点] 行政诉讼原告、被告、第三人、诉讼代理人

88. 某市为设区的市。该市城管局认定伍某无规划许可证擅自搭建钢结构的行为，违反了《城乡规划法》第 64 条的规定，向其下达了《通知》：责令停止违法行为；逾期不停止违法行为的，将依法给予行政处罚。伍某不服，

向该市政府申请行政复议。该市政府认为，《通知》不是最终的行政决定，只是行政行为作出前的一项程序，不属于行政复议范围，遂作出《复议决定》，驳回伍某的行政复议申请。伍某不服，提起行政诉讼。关于本案的被告，下列说法正确的是：（　　）（任选）

A. 本案被告为该市城管局

B. 本案被告为该市政府

C. 本案被告为该市城管局和该市政府

D. 本案被告为该市城管局或该市政府

[考　点] 行政诉讼被告

89. 某市为设区的市。该市城管局认定伍某无规划许可证擅自搭建钢构的行为，违反了《城乡规划法》第64条的规定，向其下达了《通知》：责令停止违法行为；逾期不停止违法行为的，将依法给予行政处罚。伍某不服，向该市政府申请行政复议。该市政府认为，虽然《通知》适用法律错误，但已实施完毕，遂作出《复议决定》，确认《通知》违法。伍某不服，提起行政诉讼。关于本案的被告，下列说法正确的是：（　　）（任选）

A. 本案被告为该市城管局

B. 本案被告为该市政府

C. 本案被告为该市城管局和该市政府

D. 本案被告为该市城管局或该市政府

[考　点] 行政诉讼被告

90. A市的李某驾车送人前往B市，在B市甲区与B市乙区居民范某的车相撞，并将范某打伤。B市甲区公安分局决定扣留李某的汽车，并对李某罚款300元，随后发现李某"毒驾"并对其强制戒毒。范某认为对李某的处罚过轻，要求行政机关依法追究其责任。下列哪一说法是正确的？（　　）（单选）

A. B市乙区公安分局可以对李某进行行政处罚

B. 李某可以向B市公安局申请行政复议

C. 李某只能向B市甲区法院提起行政诉讼

D. 范某可以向B市甲区法院提起行政诉讼

[考　点] 行政诉讼管辖；原告资格

91. 国家市场监管总局以某公司违反《产品质量法》的规定为由，决定吊销该公司的营业执照。该公司不服，申请复议，复议机关作出复议维持决定。该公司遂提起诉讼，法院受理。下列哪些说法是正确的？（　　）（多选）

A．复议机关为国家市场监管总局

B．被告为国家市场监管总局

C．本案由中级法院管辖

D．本案由国家市场监管总局所在地法院管辖

［考　点］行政复议机关；经复议案件的被告与管辖法院

92. 甲、乙、丙三人为邻居。甲通过关系取得在原地基扩大的基础上增加建筑面积的建房许可证。由于其院落扩大，阻碍了乙、丙两家的正常通行，乙在与甲协商未果的情况下，就房地产管理局的行为向人民法院提起行政诉讼。丙乐于坐享其成，没有提起行政诉讼。下列说法正确的是：（　　）（任选）

A．丙虽然是利害关系人，但由于其没有提起行政诉讼，因此不能参加诉讼

B．丙是利害关系人，人民法院应当通知其作为共同原告参加诉讼

C．丙是利害关系人，人民法院应当通知其作为第三人参加诉讼

D．丙即使参加诉讼，若对人民法院的一审判决不服，也不能提起上诉

［考　点］行政诉讼第三人

专题 ⑭ 行政诉讼之三：程序

93. 在下列哪些情形下，当事人必须先申请行政复议，对复议决定不服的，才能提起行政诉讼？（　　）（任选）

A．高某因为偷税被某税务机关进行税务处罚并采取税务强制措施，高某不服

B．国务院反垄断执法机构认为甲、乙两企业合并具有排除竞争的效果，遂禁止其合并，甲、乙两企业不服

C．市场监督管理局对罗某申请药品经营许可证作出不予许可决定，罗某不服

D．规划局对刘某申请信息公开作出不予公开决定，刘某不服

［考　点］行政复议与行政诉讼的程序关系

94. 2019年3月15日，严某向某市房管局递交出让方为郭某（严某之母）、受

让方为严某的房产交易申请表以及相关材料。同年4月20日，该市房管局向严某核发了房屋所有权证。2023年10月5日，郭某因家庭纠纷想出售该房产，发现该房产已不在其名下，随后以该局为被告提起诉讼。关于起诉期限，下列哪一说法符合法律规定？（　　）（单选）

A. 郭某应当自2019年4月20日起6个月内提起行政诉讼
B. 郭某应当自2019年4月20日起1年内提起行政诉讼
C. 郭某应当自2023年10月5日起6个月内提起行政诉讼
D. 郭某应当自2023年10月5日起5年内提起行政诉讼

[考点] 行政诉讼起诉期限

95. 某市退休工人林某肢体重度残疾，行走存在严重障碍。2012年9月，林某向该市住房保障和房产管理局（以下简称"市房管局"）提出廉租房实物配租申请，取得一套廉租房。2015年7月13日，市房管局认定其存在取得廉租房后连续6个月未实际居住等情形，遂收回该房。2016年4月，林某将市房管局诉至法院。法院对于林某的起诉当场不能判定是否符合起诉条件。下列哪些说法是正确的？（　　）（多选）

A. 法院应当接收林某的起诉状，并出具注明收到日期的书面凭证
B. 如果林某的起诉状内容有欠缺，法院应给予指导和释明，并一次性告知需要补正的内容
C. 如果法院不接收林某的起诉状、不出具书面凭证，林某可以向上一级法院上诉
D. 如果法院既不立案，又不作出不予立案的裁定，林某可以向上一级法院起诉

[考点] 行政诉讼登记立案

96. 李某向区市场监管局提交《举报书》，请求区市场监管局对某商店向其销售未经CCC强制认证的灯具的行为进行查处，并以书面形式向其回复查处结果。区市场监管局收到《举报书》后一直未对李某作出回复。李某遂向法院提起行政诉讼。下列哪些说法是正确的？（　　）（多选）

A. 李某应当自区市场监管局收到《举报书》2个月期限届满之日起6个月内提起诉讼
B. 李某不具有原告资格
C. 李某应当提交与被诉行政行为具有利害关系的材料

· 88 ·

D. 法院当场不能判定李某是否具有原告资格的，应当先予立案

[考 点] 行政诉讼原告、起诉期限、登记立案和举证责任

97. 某公司请求民政部向其书面公开某社会团体的登记资料。民政部收到该公司的申请后，未作出答复。该公司遂提起行政诉讼，法院受理案件。在行政诉讼期间，民政部向该公司作出《政府信息告知书》：该社会团体的登记资料属于已公开的信息，故对其申请不予处理。该公司收到《政府信息告知书》后，未撤诉。下列说法正确的是：（　　）（任选）

A. 民政部作出的《政府信息告知书》不合法
B. 民政部作出《政府信息告知书》视为行政诉讼中被告改变被诉行政行为
C. 法院不得适用简易程序审理本案
D. 法院可以进行调解

[考 点] 申请公开政府信息的答复；行政诉讼中被告改变行政行为；行政诉讼的调解程序和简易程序

98. 张某具有某房屋的房产证及土地产权证，龚某出资将该房屋拆除后重建了一层砖木结构的房屋。张某书写了一份遗嘱，内容为：张某去世后，房屋及土地由龚某继承。根据龚某的申请，区政府向龚某颁发了国有土地使用证。后张某向法院提起诉讼，请求撤销颁发给龚某的国有土地使用证，并请求法院解决所涉房屋及土地争议。法院受理了案件。下列哪一说法是正确的？（　　）（单选）

A. 本案应由房屋及土地实际所在地法院管辖
B. 张某请求法院一并解决所涉房屋及土地争议，只能在第一审开庭审理前提出
C. 若法院一并审理相关民事争议，民事争议应当单独立案
D. 若诉讼期间张某死亡，其近亲属可以张某的名义参加诉讼

[考 点] 行政诉讼的原告资格转移、地域管辖；行政附带民事诉讼

99. 县国土资源局发现某公司未经批准非法占用土地，对该公司作出责令退还非法占用的土地、拆除非法占用的土地上新建的建筑物、恢复土地原状并罚款12万元的决定。决定作出后，县国土资源局进行了催告，并向有关部门进行了报告、告知、函告，却未进一步采取措施，非法占用土地的行为仍然持续。县检察院向县国土资源局提出检察建议。该局函复称：已向县

政府书面报告和向违法行为所在地镇政府发出告知函，并已约谈该公司的负责人。县检察院提起行政公益诉讼，法院判决县国土资源局继续履行监督、管理的法定职责。下列哪些说法是正确的？（　　）（多选）

A. 县检察院提起行政公益诉讼前应当向县国土资源局提出检察建议

B. 县国土资源局应当在收到检察建议书之日起 2 个月内书面回复县检察院

C. 法院应当在开庭 3 日前向县检察院送达出庭通知书

D. 县国土资源局不履行生效判决的，县检察院应当向法院申请强制执行

[考点] 行政公益诉讼

专题 ⑮ 行政诉讼之四：证据

100. 2016 年 8 月 8 日，许某向区政府申请信息公开，要求区政府公开拟拆除房屋现状图和拟建建筑总平面图。区政府受理后，于 2016 年 8 月 26 日作出《政府信息公开告知书》：①拟拆除房屋现状图不属于区政府掌握范围，市规划局属于该信息的公开机关；②拟建建筑总平面图不存在。许某遂提起行政诉讼。下列说法正确的是：（　　）（任选）

A. 区政府应当告知许某市规划局的联系方式

B. 许某应当提供其具有原告资格的证据材料

C. 区政府应当提供《政府信息公开告知书》合法的证据

D. 许某能够提供拟建建筑总平面图系由区政府制作的相关线索的，可以申请法院调取证据

[考点] 依申请公开政府信息；行政诉讼的举证责任

101. 区文化广播影视局在例行检查中发现雾城影院存有大量未经公开发行的音像资料，因而认定这些音像资料是非法出版物，对雾城影院进行了罚款，并没收其存有的音像资料。后来，雾城影院提起了行政诉讼，提出证据证明其存有的音像资料是某工厂委托他们录制的本厂文娱晚会视频资料，并暂时存放在雾城影院。下列说法正确的是：（　　）（任选）

A. 区文化广播影视局在诉讼过程中不得自行收集证据

B. 区文化广播影视局经人民法院准许，可以针对雾城影院提出的其代为录制该工厂文娱晚会视频资料的证据补充相应的证据

C. 区文化广播影视局可以申请人民法院调取证明被诉行政行为合法的证据

D. 区文化广播影视局可以将雾城影院在诉讼中提出的证据作为证明被诉行政行为合法的依据

[考点] 行政诉讼被告举证限制、证据效力

102. 2014年4月22日，王某与区政府城中村改造指挥部签订了房屋拆迁补偿安置协议。2015年7月15日，区政府作出《关于城中村改造工程中居民王某的安置协议作废问题的决定》，表示因王某之弟持有房屋房产证且提出产权归属异议，决定城中村改造指挥部与王某所签协议作废，待其家庭内部达成协议后另行处理。王某不服，提起行政诉讼，请求法院撤销该决定。法院受理案件后，区政府未答辩、未出庭，王某之弟则向法院提供了证明被拆迁房屋存在产权归属争议的证据。下列哪些说法是正确的？
（　　）（多选）

A. 王某之弟为本案第三人

B. 王某之弟可以要求法院一并解决房屋产权归属争议

C. 区政府未答辩，视为没有相应证据

D. 法院可以将区政府未出庭的情况予以公告

[考点] 行政诉讼第三人、举证责任和被告缺席；行政附带民事诉讼

103. 在某法院受理的一起交通处罚案件中，被告提供了当事人闯红灯的现场笔录。该现场笔录载明了当事人闯红灯的时间、地点和拒绝签名的情况，但没有当事人的签名，也没有其他证人的签名。原告主张其当时不在现场，并有一朋友为其提供书面证人证言。下列哪些说法是正确的？
（　　）（多选）

A. 被告提供的现场笔录无当事人签名，不具有证据效力

B. 原告对该现场笔录的真实性有异议的，可以要求被告相关行政执法人员出庭说明

C. 原告朋友提供的书面证人证言应附有证明其证人身份的文件

D. 该法院对原告是否闯红灯无法认定

[考点] 行政诉讼证据要求、证据效力

专题 ⑯ 行政诉讼之五：判决与执行

104. 甲县 A 公司将 3 辆进口汽车卖给乙县 B 公司，B 公司将汽车运回乙县后被乙县市场监督管理局查处。乙县市场监督管理局以 A 公司无进口汽车证明、B 公司无准运证从事非法运输为由，决定没收该 3 辆汽车。B 公司不服该决定，向乙县政府申请行政复议。乙县政府作出维持没收该 3 辆汽车的复议决定。B 公司提起行政诉讼。下列哪些行为属于法院的审理对象？（　　）（多选）

A. A 公司进口汽车的行为
B. B 公司运输汽车的行为
C. 乙县市场监督管理局没收汽车的行为
D. 乙县政府维持没收汽车的行为

［考　点］行政诉讼审理对象

105. 王某因殴打李某被县公安局予以警告。王某认为自己没有斗殴，遂向法院起诉，请求撤销警告。在法院审理过程中，县公安局又发现李某受轻微伤，经认定，该伤系王某殴打所致，于是县公安局改变原处罚决定，对王某处以罚款 2000 元。王某并未撤诉，同时又起诉了新的处罚决定。法院经审理认为，王某确有斗殴行为，县公安局给予王某警告是正确的，但李某的轻微伤不是王某造成的。法院应当如何判决？（　　）（任选）

A. 撤销警告决定
B. 驳回王某关于撤销警告的诉讼请求
C. 撤销罚款决定
D. 确认罚款决定违法

［考　点］行政诉讼判决

106. 张某向县公安局报警称，邻居梁某酒后将他家的门、窗等物品砸坏。县公安局接警后，电话告知其与梁某自行协商解决。张某向法院起诉县公安局不履行法定职责。下列哪些说法是正确的？（　　）（多选）

A. 张某的起诉期限为 6 个月
B. 张某应当提供其向公安局报警的证据

C. 县公安局应当对其行为的合法性负举证责任

D. 法院应当判决县公安局履行职责

[考点] 行政诉讼起诉期限、举证责任、判决

107. 某公司计划在县城内开设经营性网吧，遂向县文广局申请互联网上网经营登记。县文广局作出《不予批准决定书》，理由是县政府制定的《关于贯彻网吧准入新政策的实施意见》（以下简称《意见》）中规定：由于县城范围内网吧过多，不予放开网吧登记。该公司将《不予批准决定书》诉至法院，一并请求审查《意见》的合法性。法院受理案件。下列哪些说法是正确的？（　　）（多选）

A. 该公司请求审查《意见》的合法性只能在第一审开庭审理前提出

B. 法院应当听取县政府的意见

C. 《意见》属于增设行政许可条件

D. 若《意见》违法，法院应当撤销《意见》

[考点] 行政诉讼中规范性文件附带审查

108. 某律师向某市的区司法局申请公开全区律师注册费收支信息，遭拒后向法院提起诉讼。法院判决区司法局在判决生效后30日内向该律师公开全区律师注册费收支信息。判决生效后，区司法局逾期拒不履行，在社会上造成恶劣影响，该律师申请强制执行。关于法院可采取的执行措施，下列哪些选项是正确的？（　　）（多选）

A. 对区司法局按日处100元的罚款

B. 对区司法局主要负责人处以罚款

C. 经法院院长批准，对区司法局直接责任人予以司法拘留

D. 责令由市司法局对该律师的申请予以处理

[考点] 行政诉讼执行

109. 2013年4月19日，区市政市容委与某停车公司订立《机动车停车委托管理协议》（以下简称《委托管理协议》），约定："区市政市容委提供路侧占道、公共场地停车场，将市政规划红线内具有政府管理属性的场地，委托给该停车公司进行管理。机动车停车委托管理期限为10年，即2013年6月1日至2023年6月1日。" 2017年4月27日，为了有效改善出行环

境，尤其是最大限度满足群众对停车位的需求，市政府办公厅印发了《某市路侧停车管理改革方案》，规定改革路侧停车管理模式，取消路侧停车管理特许经营。2017年8月17日，区市政市容委向该停车公司发出《通知》，表示《委托管理协议》已经无法继续实际履行，因此解除《委托管理协议》。该停车公司不服，诉至法院，请求撤销《通知》。下列说法正确的是：（　　）（任选）

A. 该停车公司的起诉可以参照民事法律规范确定诉讼时效
B. 区市政市容委应当对《通知》的合法性进行举证
C. 该停车公司可以要求区市政市容委补偿《通知》造成的经济损失
D. 法院可以进行调解

[考点] 行政协议诉讼

答案及解析

80. [考点] 行政诉讼受案范围

[答案] ACD

[解析] 根据《最高人民法院关于审理政府信息公开行政案件若干问题的规定》第3条的规定，公民、法人或者其他组织认为行政机关不依法履行主动公开政府信息义务，直接向人民法院提起诉讼的，应当告知其先向行政机关申请获取相关政府信息。对行政机关的答复或者逾期不予答复不服的，可以向人民法院提起诉讼。因此，市卫健委不依法履行主动公开法定传染病信息义务的行为不属于行政诉讼受案范围。故A选项当选。

根据《行诉解释》第1条第2款的规定，下列行为不属于人民法院行政诉讼的受案范围：……⑦行政机关根据人民法院的生效裁判、协助执行通知书作出的执行行为，但行政机关扩大执行范围或者采取违法方式实施的除外；……因此，市土地登记机构执行法院生效判决时，扩大判决确定的土地范围进行登记的行为属于行政诉讼受案范围。故B选项不当选。

根据《行诉解释》第1条第2款的规定，下列行为不属于人民法院行政诉讼的受案范围：……⑨行政机关针对信访事项作出的登记、受理、交办、转送、复查、复核意见等行为；……因此，市信访局向市公安局转送信访事项的行为不属于行政诉讼受案范围。故C选项当选。

根据《最高人民法院关于审理政府信息公开行政案件若干问题的规定》第2条的规定，公民、法人或者其他组织对下列行为不服提起行政诉讼的，人民法院不予受理：……③要求行政机关为其制作、搜集政府信息，或者对若干政府信息进行汇总、分析、加工，行政机关予以拒绝的；……因此，王某要求市统计局对若干政府信息进行分析，市统计局予以拒绝的行为不属于行政诉讼受案范围。故 D 选项当选。

81. [考 点] 行政诉讼受案范围

[答 案] ACD

[解 析] 根据《行诉解释》第1条第2款的规定，下列行为不属于人民法院行政诉讼的受案范围：……②调解行为以及法律规定的仲裁行为；……劳动争议仲裁裁决属于法律规定的仲裁行为，李某不服劳动争议仲裁裁决，向法院起诉的，应当属于民事诉讼受案范围，而不属于行政诉讼受案范围。故 A 选项当选。

根据《行政诉讼法》第12条第1款的规定，人民法院受理公民、法人或者其他组织提起的下列诉讼：……⑤对征收、征用决定及其补偿决定不服的；……因此，房屋征收补偿决定属于行政诉讼受案范围。故 B 选项不当选。

根据《出境入境管理法》第36条的规定，公安机关出入境管理机构作出的不予办理普通签证延期、换发、补发，不予办理外国人停留居留证件、不予延长居留期限的决定为最终决定。因此，公安机关出入境管理机构对该外国人作出的不予办理普通签证延期的决定为最终决定，对其不能提起行政诉讼，其不属于行政诉讼受案范围。故 C 选项当选。

根据《行政诉讼法》第13条的规定，人民法院不受理公民、法人或者其他组织对下列事项提起的诉讼：……②行政法规、规章或者行政机关制定、发布的具有普遍约束力的决定、命令；……由此可知，"行政法规、规章或者行政机关制定、发布的具有普遍约束力的决定、命令"是抽象行政行为，是被排除在行政诉讼受案范围之外的。因此，市政府发布的征收土地补偿费标准的行为属于抽象行政行为，不属于行政诉讼受案范围。故 D 选项当选。

82. [考 点] 行政诉讼受案范围

[答 案] AC

【解析】根据《最高人民法院关于审理行政协议案件若干问题的规定》（以下简称《行政协议案件规定》）第2条的规定，公民、法人或者其他组织就下列行政协议提起行政诉讼的，人民法院应当依法受理：①政府特许经营协议；②土地、房屋等征收征用补偿协议；③矿业权等国有自然资源使用权出让协议；④政府投资的保障性住房的租赁、买卖等协议；⑤符合本规定第1条规定的政府与社会资本合作协议；⑥其他行政协议。根据《行政协议案件规定》第4条第1款的规定，因行政协议的订立、履行、变更、终止等发生纠纷，公民、法人或者其他组织作为原告，以行政机关为被告提起行政诉讼的，人民法院应当依法受理。因此，该燃气公司因市政府解除与其签订的政府特许经营协议而提起的诉讼、该矿业公司因认为县政府与其签订的煤矿使用权出让协议无效而提起的诉讼，都属于行政诉讼受案范围。故AC选项当选。

根据《行政协议案件规定》第24条第1款的规定，公民、法人或者其他组织未按照行政协议约定履行义务，经催告后不履行，行政机关可以作出要求其履行协议的书面决定。公民、法人或者其他组织收到书面决定后在法定期限内未申请行政复议或者提起行政诉讼，且仍不履行，协议内容具有可执行性的，行政机关可以向人民法院申请强制执行。因此，县政府就张某不履行与其签订的房屋征收补偿协议，可以向法院申请强制执行，而不是提起行政诉讼。故B选项不当选。

根据《行政协议案件规定》第3条的规定，因行政机关订立的下列协议提起诉讼的，不属于人民法院行政诉讼的受案范围：①行政机关之间因公务协助等事由而订立的协议；②行政机关与其工作人员订立的劳动人事协议。因此，甲、乙两地政府签订的公务协助协议不属于行政诉讼受案范围。故D选项不当选。

83. [考点] 行政诉讼管辖

[答案] AC

【解析】根据《行政诉讼法》第14条的规定，基层人民法院管辖第一审行政案件。根据《行政诉讼法》第15条的规定，中级人民法院管辖下列第一审行政案件：①对国务院部门或者县级以上地方人民政府所作的行政行为提起诉讼的案件；②海关处理的案件；③本辖区内重大、复杂的案件；④其他法律规定由中级人民法院管辖的案件。A选项中的被告是该机场海关，因此由被告——该机场海关所在地的中级法院管辖。故 A 选项说法正确。B 选项中的被告是该县政府，因此由被告——该县政府所在地的中级法院管辖。故 B 选项说法错误。C 选项中的被告是国家发改委，其属于国务院部门，因此由被告——国家发改委所在地的中级法院管辖。故 C 选项说法正确。

根据《行政诉讼法》第 18 条第 1 款的规定，行政案件由最初作出行政行为的行政机关所在地人民法院管辖。经复议的案件，也可以由复议机关所在地人民法院管辖。D 选项是经过复议的案件，最初作出行政行为的行政机关——县税务局所在地法院和复议机关——市税务局所在地法院都具有管辖权，因此，"应由市税务局所在地的基层法院管辖"的说法错误。故 D 选项说法错误。

84. [考 点] 行政诉讼的地域管辖

[答 案] BC

[解 析] 根据《行诉解释》第 22 条第 3 款的规定，复议机关确认原行政行为违法，属于改变原行政行为，但复议机关以违反法定程序为由确认原行政行为违法的除外。因此，省政府以程序违法为由作出确认省药监局吊销《药品生产许可证》的行为违法的复议决定，属于复议机关维持原行政行为。根据《行政诉讼法》第 26 条第 2 款的规定，经复议的案件，复议机关决定维持原行政行为的，作出原行政行为的行政机关和复议机关是共同被告；复议机关改变原行政行为的，复议机关是被告。因此，省药监局和省政府为共同被告。根据《行诉解释》第 134 条第 3 款的规定，复议机关作共同被告的案件，以作出原行政行为的行政机关确定案件的级别管辖。因此，本案应以省药监局确定案件的级别管辖。根据《行政诉讼法》第 14 条的规定，基层人民法院管辖第一审行政案件。因此，本案由基层法院管辖。故 D 选项说法错误。

根据《行政诉讼法》第 18 条第 1 款的规定，行政案件由最初作出行政行为的行政机关所在地人民法院管辖。经复议的案件，也可以由复议机关所在地人民法院管辖。本案是经复议的案件，最初作出行政行为的省药监局所在地法院——甲市 B 区法院有管辖权，复议机关所在地法院——甲市 C 区法院也有管辖权。故 A 选项说法错误，BC 选项说法正确。

85. [考 点] 行政诉讼管辖

[答 案] ABC

[解 析] 根据《行政诉讼法》第19条的规定，对限制人身自由的行政强制措施不服提起的诉讼，由被告所在地或者原告所在地人民法院管辖。本案是对限制人身自由的行政强制措施不服提起的诉讼，原告所在地法院——某市A区法院具有管辖权。故A选项当选。

根据《行政诉讼法》第18条第1款的规定，行政案件由最初作出行政行为的行政机关所在地人民法院管辖。经复议的案件，也可以由复议机关所在地人民法院管辖。本案是经复议的案件，最初作出行政行为的行政机关所在地法院——某市B区法院具有管辖权，复议机关所在地法院——某市C区法院也具有管辖权。故BC选项当选。

根据《行政诉讼法》第14条的规定，基层人民法院管辖第一审行政案件。本案中不涉及中级法院管辖的情形，都是由基层法院管辖。故D选项不当选。

86. [考 点] 行政诉讼受案范围、管辖和行政复议机关

[答 案] BD

[解 析] 根据《行诉解释》第1条第2款第1项的规定，公安、国家安全等机关依照《刑事诉讼法》的明确授权实施的行为，不属于人民法院行政诉讼的受案范围。本案中，乙地海关对张某的扣留不属于《刑事诉讼法》明确授权实施的行为，应视为海关的行政行为，属于行政诉讼受案范围。故A选项说法错误。

根据《行政诉讼法》第15条的规定，中级人民法院管辖下列第一审行政案件：……②海关处理的案件；……因此本案应由中级法院管辖。根据《行政诉讼法》第19条的规定，对限制人身自由的行政强制措施不服提起的诉讼，由被告所在地或者原告所在地人民法院管辖。乙地海关的扣留行为属于限制人身自由的行政强制措施，而根据题目，张某所在地为甲市，因此，张某可以向甲市中级法院提起行政诉讼。故B选项说法正确。

根据《行政复议法》第27条的规定，对海关、金融、外汇管理等实行垂直领导的行政机关、税务和国家安全机关的行政行为不服的，向上一级主管部门申请行政复议。因此，张某应当向乙地海关的上一级海关申请行政复议，而不能向乙地海关所在地的市人民政府申请行政复议。故C选项

说法错误，D 选项说法正确。

87. [考点] 行政诉讼原告、被告、第三人、诉讼代理人

[答案] ABC

[解析] 根据《行政诉讼法》第 25 条第 1 款的规定，行政行为的相对人以及其他与行政行为有利害关系的公民、法人或者其他组织，有权提起诉讼。根据《行诉解释》第 12 条第 5 项的规定，为维护自身合法权益向行政机关投诉，具有处理投诉职责的行政机关作出或者未作出处理的，属于《行政诉讼法》第 25 条第 1 款规定的"与行政行为有利害关系"。齐某为维护自身合法权益向该省交通运输厅道路运输局投诉，该省交通运输厅道路运输局具有处理投诉的职责，其在收到申请后未作出答复，齐某有权提起诉讼，其具有原告资格。故 A 选项说法正确。

根据《行政诉讼法》第 29 条第 1 款的规定，公民、法人或者其他组织同被诉行政行为有利害关系但没有提起诉讼，或者同案件处理结果有利害关系的，可以作为第三人申请参加诉讼，或者由人民法院通知参加诉讼。齐某申请该省交通运输厅道路运输局对该客运公司侵占其运营路线予以查处，并吊销该客运公司的道路运输经营许可证，该客运公司与被诉行政行为有利害关系但没有提起诉讼，可以作为第三人。故 B 选项说法正确。

根据《行诉解释》第 31 条的规定，当事人委托诉讼代理人，应当向人民法院提交由委托人签名或者盖章的授权委托书。因此，齐某委托诉讼代理人的，应当向法院提交由委托人签名或者盖章的授权委托书。故 C 选项说法正确。

根据《行诉解释》第 128 条第 2 款的规定，行政机关负责人出庭应诉的，可以另行委托 1~2 名诉讼代理人。行政机关负责人不能出庭的，应当委托行政机关相应的工作人员出庭，不得仅委托律师出庭。因此，该省交通运输厅道路运输局负责人不能出庭的，应当委托该局相应的工作人员出庭，不得仅委托律师出庭。故 D 选项说法不正确。

88. [考点] 行政诉讼被告

[答案] D

[解析] 根据《行诉解释》第 133 条的规定，《行政诉讼法》第 26 条第 2 款规定的"复议机关决定维持原行政行为"，包括复议机关驳回复议申请或者

复议请求的情形，但以复议申请不符合受理条件为由驳回的除外。由此可知，该市政府以复议申请不符合受理条件为由，作出驳回伍某的行政复议申请的决定，不是复议维持决定，而属于复议不作为。根据《行政诉讼法》第 26 条第 3 款的规定，复议机关在法定期限内未作出复议决定，公民、法人或者其他组织起诉原行政行为的，作出原行政行为的行政机关是被告；起诉复议机关不作为的，复议机关是被告。由此可知，伍某起诉该市城管局下达的《通知》的，被告为该市城管局；伍某起诉该市政府作出的《复议决定》的，被告为该市政府。因此，本案被告为该市城管局或该市政府。故 ABC 选项说法错误，D 选项说法正确。

89. [考点] 行政诉讼被告

[答案] B

[解析] 根据《行诉解释》第 22 条第 3 款的规定，复议机关确认原行政行为违法，属于改变原行政行为，但复议机关以违反法定程序为由确认原行政行为违法的除外。由此可知，该市政府以适用法律错误为由确认《通知》违法的，属于复议改变。根据《行政诉讼法》第 26 条第 2 款的规定，经复议的案件，复议机关决定维持原行政行为的，作出原行政行为的行政机关和复议机关是共同被告；复议机关改变原行政行为的，复议机关是被告。因此，该市政府为被告。故 B 选项说法正确，ACD 选项说法错误。

90. [考点] 行政诉讼管辖；原告资格

[答案] D

[解析] 根据《行政处罚法》第 22 条的规定，行政处罚由违法行为发生地的行政机关管辖。法律、行政法规、部门规章另有规定的，从其规定。题目中的违法行为发生在 B 市甲区，应由违法行为发生地的行政机关——B 市甲区公安分局管辖，B 市乙区公安分局无权对李某进行行政处罚。故 A 选项说法错误。

根据《行政复议法》第 24 条第 1 款的规定，县级以上地方各级人民政府管辖下列行政复议案件：①对本级人民政府工作部门作出的行政行为不服的；……因此，B 市甲区公安分局作为被申请人，李某只能向 B 市甲区人民政府申请行政复议，而不能向 B 市公安局申请行政复议。故 B 选项说法错误。

根据《行政诉讼法》第19条的规定，对限制人身自由的行政强制措施不服提起的诉讼，由被告所在地或者原告所在地人民法院管辖。《行诉解释》第8条规定，《行政诉讼法》第19条规定的"原告所在地"，包括原告的户籍所在地、经常居住地和被限制人身自由地。对行政机关基于同一事实，既采取限制公民人身自由的行政强制措施，又采取其他行政强制措施或者行政处罚不服的，由被告所在地或者原告所在地的人民法院管辖。本案中，B市甲区公安分局对李某进行强制戒毒，涉及限制人身自由的行政强制措施，因此，李某既可以向原告所在地法院——A市法院提起行政诉讼，也可以向被告所在地法院——B市甲区法院提起行政诉讼。故C选项说法错误。

根据《行政诉讼法》第25条第1款的规定，行政行为的相对人以及其他与行政行为有利害关系的公民、法人或者其他组织，有权提起诉讼。根据《行诉解释》第12条第3项的规定，要求行政机关依法追究加害人法律责任的，属于《行政诉讼法》第25条第1款规定的"与行政行为有利害关系"。本案中，范某被李某打伤，范某认为对李某罚款300元的处罚过轻，要求行政机关依法追究李某法律责任的，属于"与行政行为有利害关系"，范某具有原告资格，可以向B市甲区法院提起行政诉讼。故D选项说法正确。

91. [考点] 行政复议机关；经复议案件的被告与管辖法院

[答案] ABCD

[解析] 根据《行政复议法》第25条的规定，国务院部门管辖下列行政复议案件：①对本部门作出的行政行为不服的；……因此，国家市场监管总局作为国务院部门，该公司对其吊销营业执照的行为不服的，复议机关仍为国家市场监管总局。故A选项说法正确。

根据《行政诉讼法》第26条第2款的规定，经复议的案件，复议机关决定维持原行政行为的，作出原行政行为的行政机关和复议机关是共同被告；复议机关改变原行政行为的，复议机关是被告。本案属于复议维持案件，作出原行政行为的行政机关和复议机关都是国家市场监管总局，因此，国家市场监管总局为被告。故B选项说法正确。

根据《行政诉讼法》第15条的规定，中级人民法院管辖下列第一审行政案件：①对国务院部门或者县级以上地方人民政府所作的行政行为提起诉讼的案件；……本案中，作为被告的国家市场监管总局是国务院部门，因此，本案由中级法院管辖。故C选项说法正确。

根据《行政诉讼法》第18条第1款的规定，行政案件由最初作出行政行为的行政机关所在地人民法院管辖。经复议的案件，也可以由复议机关所在地人民法院管辖。本案属于复议维持案件，由于作出原行政行为的行政机关和复议机关都是国家市场监管总局，因此，本案由国家市场监管总局所在地法院管辖。故D选项说法正确。

92. [考点] 行政诉讼第三人
[答案] C
[解析] 根据《行诉解释》第12条第1项的规定，被诉的行政行为涉及其相邻权或者公平竞争权的，属于《行政诉讼法》第25条第1款规定的"与行政行为有利害关系"。本案中，甲取得的建房许可证阻碍了乙、丙两家的正常通行，涉及相邻权，丙与该行政行为有利害关系。根据《行政诉讼法》第29条第1款的规定，公民、法人或者其他组织同被诉行政行为有利害关系但没有提起诉讼，或者同案件处理结果有利害关系的，可以作为第三人申请参加诉讼，或者由人民法院通知参加诉讼。根据《行诉解释》第30条第1款的规定，行政机关的同一行政行为涉及2个以上利害关系人，其中一部分利害关系人对行政行为不服提起诉讼，人民法院应当通知没有起诉的其他利害关系人作为第三人参加诉讼。由此可知，丙作为利害关系人，没有在法定期限内起诉的，由法院通知其参加诉讼。因此，A选项中"不能参加诉讼"的说法错误，B选项中"作为共同原告参加诉讼"的说法错误，C选项说法正确。

根据《行政诉讼法》第29条第2款的规定，人民法院判决第三人承担义务或者减损第三人权益的，第三人有权依法提起上诉。因此，丙作为第三人参加诉讼，法院一审判决其承担义务或者减损其权益的，丙有权提起上诉。故D选项说法错误。

93. [考点] 行政复议与行政诉讼的程序关系
[答案] BD
[解析] 根据《税收征收管理法》第88条第1、2款的规定，纳税人、扣缴义务人、纳税担保人同税务机关在纳税上发生争议时，必须先依照税务机

关的纳税决定缴纳或者解缴税款及滞纳金或者提供相应的担保，然后可以依法申请行政复议；对行政复议决定不服的，可以依法向人民法院起诉。当事人对税务机关的处罚决定、强制执行措施或者税收保全措施不服的，可以依法申请行政复议，也可以依法向人民法院起诉。高某对税务机关进行税务处罚和采取税务强制措施的行为不服的，可以申请行政复议，也可以提起行政诉讼。故A选项不当选。

根据《反垄断法》第34条的规定，经营者集中具有或者可能具有排除、限制竞争效果的，国务院反垄断执法机构应当作出禁止经营者集中的决定。根据《反垄断法》第65条第1款的规定，对反垄断执法机构依据本法第34、35条作出的决定不服的，可以先依法申请行政复议；对行政复议决定不服的，可以依法提起行政诉讼。甲、乙两企业对国务院反垄断执法机构作出的禁止合并的决定不服的，应先申请行政复议；对行政复议决定不服的，才可以提起行政诉讼。故B选项当选。

根据《行政复议法》第23条第1款的规定，有下列情形之一的，申请人应当先向行政复议机关申请行政复议，对行政复议决定不服的，可以再依法向人民法院提起行政诉讼：①对当场作出的行政处罚决定不服；②对行政机关作出的侵犯其已经依法取得的自然资源的所有权或者使用权的决定不服；③认为行政机关存在本法第11条规定的未履行法定职责情形；④申请政府信息公开，行政机关不予公开；⑤法律、行政法规规定应当先向行政复议机关申请行政复议的其他情形。"市场监督管理局对罗某申请药品经营许可证作出不予许可决定"不属于行政机关未履行法定职责的情形，罗某可以申请行政复议，也可以提起行政诉讼。故C选项不当选。"规划局对刘某申请信息公开作出不予公开决定"属于"申请政府信息公开，行政机关不予公开"的情形，刘某不服的，应当先申请行政复议；对行政复议决定不服的，可以再提起行政诉讼。故D选项当选。

94. [考点] 行政诉讼起诉期限

[答案] C

[解析] 根据《行诉解释》第65条的规定，公民、法人或者其他组织不知道行政机关作出的行政行为内容的，其起诉期限从知道或者应当知道该行政行为内容之日起计算，但最长不得超过《行政诉讼法》第46条第2款规定的起诉期限。根据《行政诉讼法》第46条的规定，公民、法人或者其他组

织直接向人民法院提起诉讼的，应当自知道或者应当知道作出行政行为之日起6个月内提出。法律另有规定的除外。因不动产提起诉讼的案件自行政行为作出之日起超过20年，其他案件自行政行为作出之日起超过5年提起诉讼的，人民法院不予受理。本案中，该市房管局向严某核发房屋所有权证时，郭某不知道该市房管局作出的行政行为的内容，则郭某的起诉期限从知道或者应当知道该行政行为内容之日起计算。2023年10月5日，郭某知道行政行为的内容，因此，郭某应当自2023年10月5日起6个月内提起行政诉讼。故A选项不当选，C选项当选。本案中涉及不动产案件，所以郭某的起诉期限不能超出自2019年4月20日起20年。故BD选项不当选。

95. [考点] 行政诉讼登记立案

[答案] ABD

[解析] 根据《行政诉讼法》第51条第2~4款的规定，对当场不能判定是否符合本法规定的起诉条件的，应当接收起诉状，出具注明收到日期的书面凭证，并在7日内决定是否立案。起诉状内容欠缺或者有其他错误的，应当给予指导和释明，并一次性告知当事人需要补正的内容。不得未经指导和释明即以起诉不符合条件为由不接收起诉状。对于不接收起诉状、接收起诉状后不出具书面凭证，以及不一次性告知当事人需要补正的起诉状内容的，当事人可以向上级人民法院投诉，上级人民法院应当责令改正，并对直接负责的主管人员和其他直接责任人员依法给予处分。题目中，法院对于林某的起诉当场不能判定是否符合起诉条件，因此，法院应当接收林某的起诉状，并出具注明收到日期的书面凭证。故A选项说法正确。如果林某的起诉状内容有欠缺，法院应给予指导和释明，并一次性告知需要补正的内容。故B选项说法正确。如果法院不接收林某的起诉状、不出具书面凭证，林某可以向上级法院投诉，上级法院应当责令改正，并对直接负责的主管人员和其他直接责任人员依法给予处分，但林某不可以向上一级法院上诉。故C选项说法错误。

根据《行政诉讼法》第52条的规定，人民法院既不立案，又不作出不予立案裁定的，当事人可以向上一级人民法院起诉。上一级人民法院认为符合起诉条件的，应当立案、审理，也可以指定其他下级人民法院立案、审理。由此可知，如果法院既不立案，又不作出不予立案的裁定，林某可以向上一级法院起诉。故D选项说法正确。

96. [考点] 行政诉讼原告、起诉期限、登记立案和举证责任

[答案] AC

[解析] 根据《行诉解释》第66条的规定，公民、法人或者其他组织依照《行政诉讼法》第47条第1款的规定，对行政机关不履行法定职责提起诉讼的，应当在行政机关履行法定职责期限届满之日起6个月内提出。因此，针对区市场监管局的不答复，李某应当自区市场监管局收到《举报书》2个月期限届满之日起6个月内提起诉讼。故A选项说法正确。

根据《行诉解释》第12条的规定，有下列情形之一的，属于《行政诉讼法》第25条第1款规定的"与行政行为有利害关系"：……⑤为维护自身合法权益向行政机关投诉，具有处理投诉职责的行政机关作出或者未作出处理的；……本案中，李某提交的《举报书》实际上是为维护自身合法权益向区市场监管局投诉，其与区市场监管局的不答复有利害关系，因此，李某具有原告资格。故B选项说法错误。

根据《行政诉讼法》第25条第1款的规定，行政行为的相对人以及其他与行政行为有利害关系的公民、法人或者其他组织，有权提起诉讼。根据《行政诉讼法》第49条的规定，提起诉讼应当符合下列条件：①原告是符合本法第25条规定的公民、法人或者其他组织；……根据《最高人民法院关于行政诉讼证据若干问题的规定》（以下简称《行诉证据规定》）第4条第1款的规定，公民、法人或者其他组织向人民法院起诉时，应当提供其符合起诉条件的相应的证据材料。根据《行诉解释》第54条第1款的规定，依照《行政诉讼法》第49条的规定，公民、法人或者其他组织提起诉讼时应当提交以下起诉材料：……③原告与被诉行政行为具有利害关系的材料；……因此，李某作为原告，应当提供其符合起诉条件的相应的证据材料——与被诉行政行为具有利害关系的材料。故C选项说法正确。

根据《行政诉讼法》第51条第2款的规定，对当场不能判定是否符合本法规定的起诉条件的，应当接收起诉状，出具注明收到日期的书面凭证，并在7日内决定是否立案。不符合起诉条件的，作出不予立案的裁定。因此，法院当场不能判定李某是否具有原告资格的，应当在7日内决定是否立案，而不是先予立案。故D选项说法错误。

97. [考点] 申请公开政府信息的答复；行政诉讼中被告改变行政行为；行政诉讼的调解程序和简易程序

[答案] AB

[解析] 根据《政府信息公开条例》第36条的规定，对政府信息公开申请，行政机关根据下列情况分别作出答复：①所申请公开信息已经主动公开的，告知申请人获取该政府信息的方式、途径；……本案中，该社会团体的登记资料属于已公开的信息，因此，民政部应当告知该公司获取该政府信息的方式、途径，而不是不予处理。故A选项说法正确。

根据《最高人民法院关于行政诉讼撤诉若干问题的规定》第4条的规定，有下列情形之一的，可以视为"被告改变其所作的具体行政行为"：①根据原告的请求依法履行法定职责；……本案中，该公司对民政部不作为提起行政诉讼，行政诉讼期间，民政部作出《政府信息告知书》属于履行法定职责，视为行政诉讼中被告改变被诉行政行为。故B选项说法正确。

根据《行政诉讼法》第82条第1款的规定，人民法院审理下列第一审行政案件，认为事实清楚、权利义务关系明确、争议不大的，可以适用简易程序：……③属于政府信息公开案件的。本案属于政府信息公开案件，可以适用简易程序。故C选项说法错误。

根据《行政诉讼法》第60条第1款的规定，人民法院审理行政案件，不适用调解。但是，行政赔偿、补偿以及行政机关行使法律、法规规定的自由裁量权的案件可以调解。本案不涉及行政赔偿、补偿等，不适用调解。故D选项说法错误。

98. [考点] 行政诉讼的原告资格转移、地域管辖；行政附带民事诉讼

[答案] C

[解析] 根据《行政诉讼法》第20条的规定，因不动产提起的行政诉讼，由不动产所在地人民法院管辖。根据《行诉解释》第9条的规定，《行政诉讼法》第20条规定的"因不动产提起的行政诉讼"是指因行政行为导致不动产物权变动而提起的诉讼。不动产已登记的，以不动产登记簿记载的所在地为不动产所在地；不动产未登记的，以不动产实际所在地为不动产所在地。本案是涉及不动产物权变动的行政诉讼案件，由于区政府已向龚某颁发国有土地使用证，因此属于不动产已登记的情形，应当由房屋及土地登记簿记载的所在地法院管辖，而不是由房屋及土地实际所在地法院管辖。故A选项说法错误。

根据《行诉解释》第137条的规定，公民、法人或者其他组织请求一

并审理《行政诉讼法》第61条规定的相关民事争议，应当在第一审开庭审理前提出；有正当理由的，也可以在法庭调查中提出。因此，张某请求法院一并解决所涉房屋及土地争议的，应当在第一审开庭审理前提出；有正当理由的，也可以在法庭调查中提出，并非只能在第一审开庭审理前提出。故B选项说法错误。

根据《行诉解释》第140条第1款的规定，人民法院在行政诉讼中一并审理相关民事争议的，民事争议应当单独立案，由同一审判组织审理。因此，若法院一并审理相关民事争议，民事争议应当单独立案。故C选项说法正确。

根据《行政诉讼法》第25条第2款的规定，有权提起诉讼的公民死亡，其近亲属可以提起诉讼。因此，若诉讼期间作为原告的张某死亡，其近亲属是以自己的名义参加诉讼，而非以张某的名义参加诉讼。故D选项说法错误。

99. [考点]行政公益诉讼

[答案] ABC

[解析] 根据《行政诉讼法》第25条第4款的规定，人民检察院在履行职责中发现生态环境和资源保护、食品药品安全、国有财产保护、国有土地使用权出让等领域负有监督管理职责的行政机关违法行使职权或者不作为，致使国家利益或者社会公共利益受到侵害的，应当向行政机关提出检察建议，督促其依法履行职责。行政机关不依法履行职责的，人民检察院依法向人民法院提起诉讼。因此，县检察院提起行政公益诉讼前应当向县国土资源局提出检察建议。故A选项说法正确。

根据《最高人民法院、最高人民检察院关于检察公益诉讼案件适用法律若干问题的解释》第21条第2款的规定，行政机关应当在收到检察建议书之日起2个月内依法履行职责，并书面回复人民检察院。出现国家利益或者社会公共利益损害继续扩大等紧急情形的，行政机关应当在15日内书面回复。因此，县国土资源局作为行政机关，应当在收到检察建议书之日起2个月内书面回复县检察院。故B选项说法正确。

根据《最高人民法院、最高人民检察院关于检察公益诉讼案件适用法律若干问题的解释》第8条第1款的规定，人民法院开庭审理人民检察院提起的公益诉讼案件，应当在开庭3日前向人民检察院送达出庭通知书。

因此，法院应当在开庭3日前向县检察院送达出庭通知书。故C选项说法正确。

根据《最高人民法院、最高人民检察院关于检察公益诉讼案件适用法律若干问题的解释》第12条的规定，人民检察院提起公益诉讼案件判决、裁定发生法律效力，被告不履行的，人民法院应当移送执行。因此，县国土资源局不履行生效判决的，应当由法院移送执行，而不是由县检察院向法院申请强制执行。故D选项说法错误。

100. [考点]依申请公开政府信息；行政诉讼的举证责任

[答案]ABCD

[解析]根据《政府信息公开条例》第36条的规定，对政府信息公开申请，行政机关根据下列情况分别作出答复：……⑤所申请公开信息不属于本行政机关负责公开的，告知申请人并说明理由；能够确定负责公开该政府信息的行政机关的，告知申请人该行政机关的名称、联系方式。……本案中，许某申请公开的政府信息不属于区政府负责公开的，且区政府能够确定市规划局是该信息的公开机关，因此，区政府应当告知许某市规划局的联系方式。故A选项说法正确。

根据《行政诉讼法》第49条的规定，提起诉讼应当符合下列条件：①原告是符合本法第25条规定的公民、法人或者其他组织；……根据《行诉证据规定》第4条第1款的规定，公民、法人或者其他组织向人民法院起诉时，应当提供其符合起诉条件的相应的证据材料。因此，许某起诉时应当提供其具有原告资格的证据材料。故B选项说法正确。

根据《行政诉讼法》第34条第1款的规定，被告对作出的行政行为负有举证责任，应当提供作出该行政行为的证据和所依据的规范性文件。因此，作为被告的区政府应当提供《政府信息公开告知书》合法的证据。故C选项说法正确。

根据《最高人民法院关于审理政府信息公开行政案件若干问题的规定》第5条第5款的规定，被告主张政府信息不存在，原告能够提供该政府信息系由被告制作或者保存的相关线索的，可以申请人民法院调取证据。因此，区政府在《政府信息公开告知书》中主张拟建建筑总平面图不存在，许某能够提供拟建建筑总平面图系由区政府制作的相关线索的，可以申请法院调取证据。故D选项说法正确。

101. [考点] 行政诉讼被告举证限制、证据效力

[答案] AB

[解析] 根据《行政诉讼法》第35条的规定，在诉讼过程中，被告及其诉讼代理人不得自行向原告、第三人和证人收集证据。因此，被告区文化广播影视局在诉讼过程中不得自行收集证据。故A选项说法正确。

根据《行政诉讼法》第36条第2款的规定，原告或者第三人提出了其在行政处理程序中没有提出的理由或者证据的，经人民法院准许，被告可以补充证据。本案中，原告雾城影院提出的其代为录制该工厂文娱晚会视频资料的证据是在被告区文化广播影视局的处理程序中没有提出的证据，经人民法院准许，被告区文化广播影视局可以补充相应的证据。故B选项说法正确。

根据《行政诉讼法》第40条的规定，人民法院有权向有关行政机关以及其他组织、公民调取证据。但是，不得为证明行政行为的合法性调取被告作出行政行为时未收集的证据。因此，法院不得调取证明区文化广播影视局作出的行政行为合法的证据。故C选项说法错误。

根据《行诉证据规定》第60条第3项的规定，原告或者第三人在诉讼程序中提供的、被告在行政程序中未作为具体行政行为依据的证据，不能作为认定被诉具体行政行为合法的依据。由此可知，雾城影院在诉讼中提出的证据没有在行政程序中作为区文化广播影视局行政行为的依据的，不能作为认定区文化广播影视局行政行为合法的依据。故D选项说法错误。

102. [考点] 行政诉讼第三人、举证责任和被告缺席；行政附带民事诉讼

[答案] AD

[解析] 根据《行政诉讼法》第29条第1款的规定，公民、法人或者其他组织同被诉行政行为有利害关系但没有提起诉讼，或者同案件处理结果有利害关系的，可以作为第三人申请参加诉讼，或者由人民法院通知参加诉讼。本案中，王某之弟同被诉决定有利害关系但没有提起诉讼，因此可以作为本案第三人参加诉讼。故A选项说法正确。

根据《行政诉讼法》第61条第1款的规定，在涉及行政许可、登记、征收、征用和行政机关对民事争议所作的裁决的行政诉讼中，当事人申请一并解决相关民事争议的，人民法院可以一并审理。由此可知，只有在涉

及行政许可、登记、征收、征用和行政裁决的行政诉讼中，当事人才可以申请一并解决相关民事争议。本案是涉及行政协议废止的行政诉讼，王某之弟不能要求法院一并解决房屋产权归属争议。故 B 选项说法错误。

根据《行政诉讼法》第 34 条第 2 款的规定，被告不提供或者无正当理由逾期提供证据，视为没有相应证据。但是，被诉行政行为涉及第三人合法权益，第三人提供证据的除外。本案中，虽然作为被告的区政府未提供证据，但作为第三人的王某之弟向法院提供了证据，因此不能视为没有相应证据。故 C 选项说法错误。

根据《行政诉讼法》第 66 条第 2 款的规定，人民法院对被告经传票传唤无正当理由拒不到庭，或者未经法庭许可中途退庭的，可以将被告拒不到庭或者中途退庭的情况予以公告，并可以向监察机关或者被告的上一级行政机关提出依法给予其主要负责人或者直接责任人员处分的司法建议。本案中，作为被告的区政府未出庭，法院可以将区政府未出庭的情况予以公告。故 D 选项说法正确。

103. [考点] 行政诉讼证据要求、证据效力

[答案] BC

[解析] 根据《行诉证据规定》第 15 条的规定，根据《行政诉讼法》第 31 条第 1 款第 7 项（现为第 33 条第 1 款第 8 项）的规定，被告向人民法院提供的现场笔录，应当载明时间、地点和事件等内容，并由执法人员和当事人签名。当事人拒绝签名或者不能签名的，应当注明原因。有其他人在现场的，可由其他人签名。法律、法规和规章对现场笔录的制作形式另有规定的，从其规定。由此可知，被告提供的现场笔录无当事人签名，并非不具有证据效力。故 A 选项说法错误。

根据《行诉解释》第 41 条第 1 项的规定，原告或者第三人对现场笔录的合法性或者真实性有异议，要求相关行政执法人员出庭说明的，人民法院可以准许。因此，原告对该现场笔录的真实性有异议的，可以要求被告相关行政执法人员出庭说明。故 B 选项说法正确。

根据《行诉证据规定》第 13 条第 4 项的规定，当事人向人民法院提供证人证言的，应当附有居民身份证复印件等证明证人身份的文件。因此，原告朋友提供的书面证人证言应附有证明其证人身份的文件。故 C 选项说法正确。

根据《行诉证据规定》第63条的规定，证明同一事实的数个证据，其证明效力一般可以按照下列情形分别认定：……②鉴定结论、现场笔录、勘验笔录、档案材料以及经过公证或者登记的书证优于其他书证、视听资料和证人证言；……因此，现场笔录的证据效力优于原告朋友的证人证言，法院可以据此认定原告闯红灯。故D选项说法错误。

104. [考点] 行政诉讼审理对象

[答案] CD

[解析] 根据《行诉解释》第135条第1款的规定，复议机关决定维持原行政行为的，人民法院应当在审查原行政行为合法性的同时，一并审查复议决定的合法性。本案是复议机关决定维持原行政行为的案件，法院既要审查原行政行为的合法性，又要审查复议决定的合法性。原行政行为是乙县市场监督管理局没收汽车的行为，复议决定是乙县政府维持乙县市场监督管理局没收汽车的行为。因此，法院的审理对象是乙县市场监督管理局没收汽车的行为和乙县政府维持没收汽车的行为。故CD选项当选，AB选项不当选。

105. [考点] 行政诉讼判决

[答案] BC

[解析] 根据《行诉解释》第81条第2、3款的规定，原告或者第三人对改变后的行政行为不服提起诉讼的，人民法院应当就改变后的行政行为进行审理。被告改变原违法行政行为，原告仍要求确认原行政行为违法的，人民法院应当依法作出确认判决。本案属于行政诉讼中被告改变被诉行政行为的案件，王某未撤诉，同时又起诉了县公安局改变后的行政行为，法院既要对原行政行为——警告决定作出判决，又要对改变后的行政行为——罚款决定作出判决。

根据《行政诉讼法》第69条的规定，行政行为证据确凿，适用法律、法规正确，符合法定程序的，或者原告申请被告履行法定职责或者给付义务理由不成立的，人民法院判决驳回原告的诉讼请求。本案中，法院经审理认为，王某确有斗殴行为，县公安局给予王某警告是正确的，即警告决定合法，法院应判决驳回王某关于撤销警告的诉讼请求。故A选项不当选，B选项当选。

根据《行政诉讼法》第70条的规定，行政行为有下列情形之一的，人民法院判决撤销或者部分撤销，并可以判决被告重新作出行政行为：①主要证据不足的；……本案中，县公安局对王某处以罚款的事实依据是李某的轻微伤系王某殴打所致，但法院经审理认为，李某的轻微伤不是王某造成的，即县公安局作出罚款决定的主要证据不足，法院应判决撤销罚款决定。故C选项当选，D选项不当选。

106. [考点] 行政诉讼起诉期限、举证责任、判决

[答案] ABC

[解析] 根据《行政诉讼法》第46条第1款的规定，公民、法人或者其他组织直接向人民法院提起诉讼的，应当自知道或者应当知道作出行政行为之日起6个月内提出。法律另有规定的除外。根据《行诉解释》第66条的规定，公民、法人或者其他组织依照《行政诉讼法》第47条第1款的规定，对行政机关不履行法定职责提起诉讼的，应当在行政机关履行法定职责期限届满之日起6个月内提出。因此，张某的起诉期限为6个月。故A选项说法正确。

根据《行政诉讼法》第38条第1款的规定，在起诉被告不履行法定职责的案件中，原告应当提供其向被告提出申请的证据。但有下列情形之一的除外：①被告应当依职权主动履行法定职责的；②原告因正当理由不能提供证据的。因此，张某起诉县公安局不履行法定职责的，应当提供其向县公安局报警的证据。故B选项说法正确。

根据《行政诉讼法》第34条第1款的规定，被告对作出的行政行为负有举证责任，应当提供作出该行政行为的证据和所依据的规范性文件。因此，县公安局作为被告，应当对其行为的合法性负举证责任。故C选项说法正确。

根据《行政诉讼法》第72条的规定，人民法院经过审理，查明被告不履行法定职责的，判决被告在一定期限内履行。题目中没有明确法院经过审理，查明县公安局不履行法定职责，所以法院判决县公安局履行职责的条件不充足。故D选项说法错误。

107. [考点] 行政诉讼中规范性文件附带审查

[答案] BC

[解析] 根据《行诉解释》第146条的规定，公民、法人或者其他组织请求人民法院一并审查《行政诉讼法》第53条规定的规范性文件，应当在第一审开庭审理前提出；有正当理由的，也可以在法庭调查中提出。因此，该公司请求审查《意见》的合法性，应当在第一审开庭审理前提出；有正当理由的，也可以在法庭调查中提出。故A选项说法错误。

根据《行诉解释》第147条第1款的规定，人民法院在对规范性文件审查过程中，发现规范性文件可能不合法的，应当听取规范性文件制定机关的意见。因此，法院应当听取《意见》制定机关——县政府的意见。故B选项说法正确。

根据《行政许可法》第2条的规定，本法所称行政许可，是指行政机关根据公民、法人或者其他组织的申请，经依法审查，准予其从事特定活动的行为。本案中，网吧登记属于行政许可，《意见》明确规定，不予放开网吧登记的原因是县城范围内网吧过多，属于增设开设网吧的行政许可的具体条件。故C选项说法正确。

根据《行诉解释》第149条第2款的规定，规范性文件不合法的，人民法院可以在裁判生效之日起3个月内，向规范性文件制定机关提出修改或者废止该规范性文件的司法建议。因此，若《意见》违法，法院可以向制定机关提出修改或者废止《意见》的司法建议，但无权撤销《意见》。故D选项说法错误。

108. [考点] 行政诉讼执行

[答案] BC

[解析] 某律师向区司法局申请公开全区律师注册费收支信息被拒后，法院判决区司法局向该律师公开全区律师注册费收支信息，但区司法局逾期拒不履行法院判决，这属于行政机关拒绝履行生效裁判的情况。根据《行政诉讼法》第96条的规定，行政机关拒绝履行判决、裁定、调解书的，第一审人民法院可以采取下列措施：……②在规定期限内不履行的，从期满之日起，对该行政机关负责人按日处50~100元的罚款。……④向监察机关或者该行政机关的上一级行政机关提出司法建议。接受司法建议的机关，根据有关规定进行处理，并将处理情况告知人民法院。⑤拒不履行判决、裁定、调解书，社会影响恶劣的，可以对该行政机关直接负责的主管人员和其他直接责任人员予以拘留；情节严重，构成犯罪的，依法追究刑

事责任。

由此可知，区司法局在规定期限内不履行的，从期满之日起，法院可以对区司法局负责人按日处50~100元的罚款。故B选项"对区司法局主要负责人处以罚款"的说法正确。2014年修正后的《行政诉讼法》取消了对行政机关的罚款。故A选项"对区司法局按日处100元的罚款"的说法错误。

区司法局拒不履行判决，社会影响恶劣的，法院可以对区司法局直接负责人予以拘留。故C选项"经法院院长批准，对区司法局直接责任人予以司法拘留"的说法正确。司法拘留应经法院院长批准，这是《民事诉讼法》的规定。

区司法局拒不履行判决，法院可以向市司法局提出司法建议，市司法局根据有关规定进行处理，并将处理情况告知法院。故D选项"责令由市司法局对该律师的申请予以处理"的说法错误，法院可以向市司法局提出司法建议，但法院无权"责令"市司法局进行处理。

109. 考点 行政协议诉讼

答案 BCD

解析 根据《行政协议案件规定》第25条的规定，公民、法人或者其他组织对行政机关不依法履行、未按照约定履行行政协议提起诉讼的，诉讼时效参照民事法律规范确定；对行政机关变更、解除行政协议等行政行为提起诉讼的，起诉期限依照《行政诉讼法》及其司法解释确定。本案中，区市政市容委向该停车公司发出《通知》，表示《委托管理协议》已经无法继续实际履行，因此解除《委托管理协议》。该停车公司诉至法院，属于对行政机关解除行政协议的行为提起诉讼，因此应当依照《行政诉讼法》及其司法解释确定起诉期限。故A选项说法错误。

根据《行政协议案件规定》第10条第1款的规定，被告对于自己具有法定职权、履行法定程序、履行相应法定职责以及订立、履行、变更、解除行政协议等行为的合法性承担举证责任。本案中，区市政市容委发出《通知》解除《委托管理协议》，其应当对《通知》的合法性进行举证。故B选项说法正确。

根据《行政协议案件规定》第16条第1款的规定，在履行行政协议过程中，可能出现严重损害国家利益、社会公共利益的情形，被告作出变更、解除协议的行政行为后，原告请求撤销该行为，人民法院经审理认为该行为合法的，判决驳回原告诉讼请求；给原告造成损失的，判决被告予以补偿。本案中，为了有效改善出行环境，尤其是最大限度满足群众对停车位的需求，区市政市容委发出《通知》解除《委托管理协议》。区市政市容委解除《委托管理协议》的行为合法，给该停车公司造成损失的，该停车公司可以要求区市政市容委补偿《通知》造成的经济损失。故 C 选项说法正确。

根据《行政协议案件规定》第 23 条第 1 款的规定，人民法院审理行政协议案件，可以依法进行调解。本案是区市政市容委与该停车公司之间解除行政协议纠纷案件，法院可以进行调解。故 D 选项说法正确。

第12讲 国家赔偿

专题 17 国家赔偿制度

110. 下列哪些情形属于国家赔偿范围？（　　）（多选）

A. 警察王某玩弄其手枪走火致人伤残的

B. 服刑人员章某为达到保外就医目的而自伤的

C. 民事诉讼中法院违法对赵某采取司法拘留的

D. 公安派出所接到肖某报警后拒不出警造成其超市财物被抢劫的

[考 点] 国家赔偿范围

111. 某市公安局以李某参与赌博为由对其罚款3000元，李某不服罚款决定，向该市政府申请行政复议，该市政府以李某为赌博提供条件为由，作出罚款2000元的复议决定。李某提起行政诉讼。下列说法正确的是：（　　）（任选）

A. 该市政府为被告

B. 该市公安局和该市政府为共同被告

C. 若法院认定复议决定违法，该市公安局为赔偿义务机关

D. 若法院认定复议决定违法，该市政府为赔偿义务机关

[考 点] 行政复议改变后行政诉讼被告、赔偿义务机关

112. 区政府未能与杨某达成关于杨某房屋的征收补偿协议。后区政府直接用铲车对杨某房屋实施拆除，并造成屋内财物损毁。杨某认为区政府对其房屋的强拆行为违法，提起了行政诉讼。法院受理案件后，审查确认区政府对杨某房屋的强拆行为违法。下列说法正确的是：（　　）（任选）

A. 法院审查杨某的起诉时，认为可能存在行政赔偿的，应当告知杨某可以一并提起行政赔偿诉讼

B. 杨某提出赔偿请求的，就区政府对杨某房屋实施拆除时造成的屋内财产损失，由区政府承担举证责任

C. 杨某提出赔偿请求的，对其主张的生产和生活所必需物品的合理损失，法院应当予以支持

D. 区政府对杨某房屋的强拆行为未被确认为违法，杨某只提起行政赔偿诉讼的，法院应当视为提起行政诉讼时一并提起行政赔偿诉讼

[考点] 行政赔偿诉讼

邰某饮酒后因琐事与肖某打斗。公安局接警后，将邰某、肖某传唤至公安局进行调查、询问。在询问邰某过程中，邰某用头撞击地面之后平躺到地板上，民警未当即检查邰某头磕地后的伤情，而是继续询问。当邰某出现呕吐、发热等症状时，民警通知邰某工友将其带走。后工友送邰某至医院接受治疗，邰某被诊断为重度颅脑损伤，全部丧失行为能力。邰某的家属遂向公安局申请国家赔偿。

请根据上述材料，回答第113、114题。

113. 关于本案的赔偿，下列说法正确的是：（　　）（任选）

A. 公安局不应当承担赔偿责任，因为邰某是由于自己的行为致使损害发生

B. 公安局的行为与邰某的损害之间是否存在因果关系，应当由公安局提供证据

C. 确定赔偿数额时应当考虑公安局的行为在损害发生过程和结果中所起的作用等因素

D. 邰某扶养的无劳动能力的人的生活费不属于国家赔偿项目

[考点] 国家赔偿范围、举证责任、赔偿项目

114. 关于本案的赔偿程序，下列说法不正确的是：（　　）（任选）

A. 邰某的家属提交的赔偿申请材料不齐全的，公安局应当一次性告知邰某的家属需要补正的全部内容

B. 若对公安局作出的赔偿决定不服，邰某的家属可以向上一级公安机关申请行政复议

C. 若对公安局作出的赔偿决定不服，邰某的家属提起行政赔偿诉讼的期限为6个月

D. 郜某的家属可以不经公安局先行处理，即直接向法院提起行政赔偿诉讼

[考 点] 行政赔偿程序

115. 甲公司向某区法院起诉，请求乙公司返还货款 15 万元，并请求依法保全乙公司价值 10 万元的汽车。在甲公司提供担保后，该区法院采取了保全措施。后二审法院最终维持了该区法院要求乙公司返还货款 10 万元的判决。甲公司在申请强制执行时，发现诉讼期间该区法院在乙公司没有提供担保的情况下解除了保全措施，现乙公司已变卖汽车、转移货款，致判决无法执行。甲公司遂申请国家赔偿。下列哪些说法是正确的？（　　）（多选）

A. 甲公司请求国家赔偿的时效为 2 年，自其知道侵权行为之日起计算；若知道侵权行为时执行程序尚未终结，请求时效期间自执行程序终结之日起计算

B. 甲公司的赔偿请求属于国家赔偿范围

C. 甲公司应当先申请确认该区法院解除保全措施的行为违法

D. 赔偿义务机关作出赔偿决定前，可以与甲公司就赔偿方式、赔偿项目和赔偿数额进行协商

[考 点] 国家赔偿的时效；司法赔偿的范围和程序

116. 张某租用一门面开办美容店。税务部门以张某逃税为由查封美容店，并扣押美容仪器设备，美容店停业。张某向法院起诉，法院撤销查封、扣押决定。张某申请国家赔偿。下列选项属于国家赔偿范围的是：（　　）（任选）

A. 张某美容店被查封的名誉损失

B. 解除查封和扣押措施

C. 支付门面租赁费

D. 扣押的美容仪器设备已被拍卖的，给付拍卖所得的价款及相应的赔偿金

[考 点] 国家赔偿方式与费用

117. 2020 年 5 月 5 日，县公安局以高某涉嫌盗窃罪为由将其刑事拘留。2020 年 5 月 28 日，县检察院批准逮捕高某。2021 年 4 月 8 日，县法院以指控依据不足为由判决高某无罪，高某被释放。2021 年 5 月 20 日，高某申请

国家赔偿，请求支付人身自由赔偿金和精神损害抚慰金。下列哪些说法是不正确的？（　　）（多选）

A. 高某应当先向县法院提出赔偿申请

B. 若对赔偿义务机关的赔偿决定不服，高某可以向赔偿义务机关的上一级机关申请复议

C. 对高某限制人身自由的每日赔偿金按国家2020年度职工日平均工资计算

D. 对高某的精神损害抚慰金应当在人身自由赔偿金额的50%以上酌定

[考点] 刑事赔偿义务机关、程序；国家赔偿标准

118. 周某在某自然村集体土地上拥有两处房屋。该村实施农房拆迁改造，因未能与周某达成安置补偿协议，2012年3月，拆迁办组织人员将周某房屋强制拆除。与拆迁办协商赔偿无果后，周某诉至法院，请求赔偿损失。下列说法正确的是：（　　）（任选）

A. 周某的起诉期限为6个月

B. 对周某房屋的赔偿应按照拆除房屋时的市场价格计算；该价格不足以弥补周某损失的，可以采用其他合理方式计算

C. 通过行政补偿程序依法应当获得的奖励、补贴属于赔偿范围

D. 周某获得的行政赔偿不得少于其依法应当获得的安置补偿权益

[考点] 行政赔偿诉讼起诉期限；国家赔偿方式

答案及解析

110. [考点] 国家赔偿范围

[答案] CD

[解析] 根据《国家赔偿法》第5条第1项的规定，行政机关工作人员与行使职权无关的个人行为，国家不承担赔偿责任。警察王某玩弄其手枪的行为属于与行使职权无关的个人行为，因此手枪走火致人伤残的，不属于国家赔偿范围。故A选项不当选。

根据《国家赔偿法》第19条第5项的规定，因公民自伤、自残等故意行为致使损害发生的，国家不承担赔偿责任。服刑人员章某为达到保外就医目的而自伤的，属于因公民自伤等故意行为致使损害发生，不属于国

家赔偿范围。故 B 选项不当选。

根据《国家赔偿法》第 38 条的规定，人民法院在民事诉讼、行政诉讼过程中，违法采取对妨害诉讼的强制措施、保全措施或者对判决、裁定及其他生效法律文书执行错误，造成损害的，赔偿请求人要求赔偿的程序，适用本法刑事赔偿程序的规定。民事诉讼中法院违法对赵某采取司法拘留的，属于违法采取对妨害诉讼的强制措施，属于国家赔偿范围。故 C 选项当选。

根据《国家赔偿法》第 4 条第 4 项的规定，行政机关及其工作人员在行使行政职权时有造成财产损害的其他违法行为的，受害人有取得赔偿的权利。公安派出所接到报警后拒不出警属于违法行使行政职权中的行政不作为，造成肖某超市财物被抢劫的损失属于国家赔偿范围。故 D 选项当选。

111. [考点] 行政复议改变后行政诉讼被告、赔偿义务机关

[答案] AC

[解析] 根据《行政诉讼法》第 26 条第 2 款的规定，经复议的案件，复议机关决定维持原行政行为的，作出原行政行为的行政机关和复议机关是共同被告；复议机关改变原行政行为的，复议机关是被告。因此，该市政府作出罚款 2000 元的复议决定，属于复议改变决定，该市政府为被告。故 A 选项说法正确，B 选项说法错误。

根据《国家赔偿法》第 8 条的规定，经复议机关复议的，最初造成侵权行为的行政机关为赔偿义务机关，但复议机关的复议决定加重损害的，复议机关对加重的部分履行赔偿义务。因此，经复议的案件，复议机关作为赔偿义务机关的条件是复议机关的复议决定加重损害。题目中，即使法院认定该市政府作出罚款 2000 元的复议决定违法，但复议决定没有加重对李某的损害，因此仍然以最初造成侵权行为的行政机关——该市公安局为赔偿义务机关。故 C 选项说法正确，D 选项说法错误。

112. [考点] 行政赔偿诉讼

[答案] ABCD

[解析] 根据《最高人民法院关于审理行政赔偿案件若干问题的规定》（以下简称《行政赔偿案件规定》）第 14 条第 1 款的规定，原告提起行政诉

讼时未一并提起行政赔偿诉讼,人民法院审查认为可能存在行政赔偿的,应当告知原告可以一并提起行政赔偿诉讼。因此,法院审查杨某的起诉时,认为可能存在行政赔偿的,应当告知杨某可以一并提起行政赔偿诉讼。故 A 选项说法正确。

根据《行政赔偿案件规定》第 11 条第 1 款的规定,行政赔偿诉讼中,原告应当对行政行为造成的损害提供证据;因被告的原因导致原告无法举证的,由被告承担举证责任。因此,由于区政府的违法强拆行为,导致杨某无法对屋内财产损失举证的,应当由区政府就该损害情况承担举证责任。故 B 选项说法正确。

根据《行政赔偿案件规定》第 11 条第 2 款的规定,人民法院对于原告主张的生产和生活所必需物品的合理损失,应当予以支持;对于原告提出的超出生产和生活所必需的其他贵重物品、现金损失,可以结合案件相关证据予以认定。因此,杨某提出赔偿请求的,对其主张的生产和生活所必需物品的合理损失,法院应当予以支持。故 C 选项说法正确。

根据《行政赔偿案件规定》第 13 条第 1 款的规定,行政行为未被确认为违法,公民、法人或者其他组织提起行政赔偿诉讼的,人民法院应当视为提起行政诉讼时一并提起行政赔偿诉讼。因此,区政府对杨某房屋的强拆行为未被确认为违法,杨某只提起行政赔偿诉讼的,法院应当视为提起行政诉讼时一并提起行政赔偿诉讼。故 D 选项说法正确。

113. [考 点] 国家赔偿范围、举证责任、赔偿项目

[答 案] BC

[解析] 根据《行诉解释》第 97 条的规定,原告或者第三人的损失系由其自身过错和行政机关的违法行政行为共同造成的,人民法院应当依据各方行为与损害结果之间有无因果关系以及在损害发生和结果中作用力的大小,确定行政机关相应的赔偿责任。本案中,邸某用头撞击地面之后平躺到地板上,民警未当即检查邸某头磕地后的伤情,而是继续询问,警方未尽到对邸某的人身安全保障义务,存在主观过错,因此,虽然邸某是由于自己的行为致使损害发生,但公安局未尽到对其人身安全保障义务,应承担相应的赔偿责任,但确定赔偿数额时应当考虑公安局的行为在损害发生过程和结果中所起的作用等因素。故 A 选项说法错误,C 选项说法正确。

根据《国家赔偿法》第 15 条第 2 款的规定,赔偿义务机关采取行政

拘留或者限制人身自由的强制措施期间，被限制人身自由的人死亡或者丧失行为能力的，赔偿义务机关的行为与被限制人身自由的人的死亡或者丧失行为能力是否存在因果关系，赔偿义务机关应当提供证据。本案中，公安局将邰某传唤至公安局进行调查、询问，邰某是在被公安局限制人身自由期间丧失行为能力的，公安局的行为与邰某的损害之间是否存在因果关系，应当由公安局提供证据。故 B 选项说法正确。

根据《国家赔偿法》第 34 条第 1 款的规定，侵犯公民生命健康权的，赔偿金按照下列规定计算：……②造成部分或者全部丧失劳动能力的，应当支付医疗费、护理费、残疾生活辅助具费、康复费等因残疾而增加的必要支出和继续治疗所必需的费用，以及残疾赔偿金。残疾赔偿金根据丧失劳动能力的程度，按照国家规定的伤残等级确定，最高不超过国家上年度职工年平均工资的 20 倍。造成全部丧失劳动能力的，对其扶养的无劳动能力的人，还应当支付生活费。……本案中，邰某全部丧失行为能力，其扶养的无劳动能力的人的生活费属于国家赔偿项目。故 D 选项说法错误。

114. [考点]行政赔偿程序

[答案] BCD

[解析] 根据《国家赔偿法》第 12 条第 4 款的规定，赔偿请求人当面递交申请书的，赔偿义务机关应当当场出具加盖本行政机关专用印章并注明收讫日期的书面凭证。申请材料不齐全的，赔偿义务机关应当当场或者在 5 日内一次性告知赔偿请求人需要补正的全部内容。因此，邰某的家属提交的赔偿申请材料不齐全的，公安局应当一次性告知邰某的家属需要补正的全部内容。故 A 选项说法正确，不当选。

根据《行政复议法》第 11 条的规定，有下列情形之一的，公民、法人或者其他组织可以依照本法申请行政复议：……⑥对行政机关作出的赔偿决定或者不予赔偿决定不服；……可知，若邰某的家属对公安局作出的赔偿决定不服，可以申请行政复议。根据《行政复议法》第 24 条第 1 款的规定，县级以上地方各级人民政府管辖下列行政复议案件：①对本级人民政府工作部门作出的行政行为不服的；……因此，邰某的家属应向公安局的本级政府申请行政复议，而不是向上一级公安机关申请行政复议。故 B 选项说法不正确，当选。

根据《国家赔偿法》第 14 条第 2 款的规定，赔偿请求人对赔偿的方式、项目、数额有异议的，或者赔偿义务机关作出不予赔偿决定的，赔偿请求人可以自赔偿义务机关作出赔偿或者不予赔偿决定之日起3个月内，向人民法院提起诉讼。因此，若郜某的家属对公安局作出的赔偿决定不服，可以在3个月内向法院提起行政赔偿诉讼。故C选项说法不正确，当选。

根据《国家赔偿法》第9条第2款和第14条的规定，赔偿请求人要求赔偿，应当先向赔偿义务机关提出；对赔偿义务机关的处理或者不处理不服的，可以提起行政赔偿诉讼。因此，未经公安局先行处理，郜某的家属不能直接向法院提起行政赔偿诉讼。故D选项说法不正确，当选。

115. [考点] 国家赔偿的时效；司法赔偿的范围和程序

[答案] ABD

[解析] 根据《最高人民法院关于审理司法赔偿案件适用请求时效制度若干问题的解释》第1条的规定，赔偿请求人向赔偿义务机关提出赔偿请求的时效期间为2年，自其知道或者应当知道国家机关及其工作人员行使职权时的行为侵犯其人身权、财产权之日起计算。赔偿请求人知道上述侵权行为时，相关诉讼程序或者执行程序尚未终结的，请求时效期间自该诉讼程序或者执行程序终结之日起计算，但是本解释有特别规定的除外。因此，作为赔偿请求人的甲公司，请求国家赔偿的时效为2年，自其知道侵权行为之日起计算；若知道侵权行为时执行程序尚未终结，请求时效期间自执行程序终结之日起计算。故A选项说法正确。

根据《国家赔偿法》第38条的规定，人民法院在民事诉讼、行政诉讼过程中，违法采取对妨害诉讼的强制措施、保全措施或者对判决、裁定及其他生效法律文书执行错误，造成损害的，赔偿请求人要求赔偿的程序，适用本法刑事赔偿程序的规定。根据《最高人民法院关于审理民事、行政诉讼中司法赔偿案件适用法律若干问题的解释》第3条的规定，违法采取保全措施，包括以下情形：……②依法不应当解除保全措施而解除，或者依法应当解除保全措施而不解除的；……因此，该区法院在乙公司没有提供担保的情况下解除对其的保全措施而造成的甲公司的财产损害，属于国家赔偿范围。故B选项说法正确。

《国家赔偿法》在2010年修正时已废止了申请国家赔偿前先申请确认侵权行为违法的程序规定。因此，甲公司可以直接申请国家赔偿，无须先申请确认该区法院解除保全措施的行为违法。故 C 选项说法错误。

根据《国家赔偿法》第 13 条第 1 款的规定，赔偿义务机关应当自收到申请之日起 2 个月内，作出是否赔偿的决定。赔偿义务机关作出赔偿决定，应当充分听取赔偿请求人的意见，并可以与赔偿请求人就赔偿方式、赔偿项目和赔偿数额依照本法第四章（赔偿方式和计算标准）的规定进行协商。因此，赔偿义务机关作出赔偿决定前，可以与甲公司就赔偿方式、赔偿项目和赔偿数额进行协商。故 D 选项说法正确。

116. [考点] 国家赔偿方式与费用

[答案] BC

[解析] 根据《国家赔偿法》第 35 条的规定，有本法第 3 条或者第 17 条规定情形之一，致人精神损害的，应当在侵权行为影响的范围内，为受害人消除影响，恢复名誉，赔礼道歉；造成严重后果的，应当支付相应的精神损害抚慰金。由此可知，名誉损失是对人身权损害的赔偿范围。查封行为属于侵犯财产权的行为，不属于侵犯人身权的行为，所以张某美容店被查封的名誉损失不属于国家赔偿范围。故 A 选项不当选。

根据《国家赔偿法》第 36 条第 2 项的规定，查封、扣押、冻结财产的，解除对财产的查封、扣押、冻结，造成财产损坏或者灭失的，依照本条第 3、4 项的规定赔偿。因此，税务部门扣押美容仪器设备的行为违法的，解除查封和扣押措施属于国家赔偿范围。故 B 选项当选。

根据《国家赔偿法》第 36 条第 6 项的规定，吊销许可证和执照、责令停产停业的，赔偿停产停业期间必要的经常性费用开支。根据《最高人民法院关于审理民事、行政诉讼中司法赔偿案件适用法律若干问题的解释》第 14 条的规定，《国家赔偿法》第 36 条第 6 项规定的停产停业期间必要的经常性费用开支，是指法人、其他组织和个体工商户为维系停产停业期间运营所需的基本开支，包括留守职工工资、必须缴纳的税费、水电费、房屋场地租金、设备租金、设备折旧费等必要的经常性费用。因此，美容店停业期间产生的门面租赁费属于国家赔偿范围。故 C 选项当选。

根据《国家赔偿法》第 36 条第 5 项的规定，财产已经拍卖或者变卖的，给付拍卖或者变卖所得的价款；变卖的价款明显低于财产价值的，应当支付相应的赔偿金。由此可知，财产已经拍卖的，需要给付拍卖所得的价款，不需要支付相应的赔偿金。因此，扣押的美容仪器设备已被拍卖的，给付拍卖所得的价款，没有相应的赔偿金支付。故 D 选项不当选。

117. [考 点] 刑事赔偿义务机关、程序；国家赔偿标准

[答 案] ACD

[解 析] 根据《国家赔偿法》第 21 条第 3 款的规定，对公民采取逮捕措施后决定撤销案件、不起诉或者判决宣告无罪的，作出逮捕决定的机关为赔偿义务机关。根据《国家赔偿法》第 22 条第 2 款的规定，赔偿请求人要求赔偿，应当先向赔偿义务机关提出。本案中，县法院判决高某无罪，作出逮捕决定的机关——县检察院为赔偿义务机关，高某应当先向县检察院提出赔偿申请。故 A 选项说法不正确，当选。

根据《国家赔偿法》第 24 条第 2 款的规定，赔偿请求人对赔偿的方式、项目、数额有异议的，或者赔偿义务机关作出不予赔偿决定的，赔偿请求人可以自赔偿义务机关作出赔偿或者不予赔偿决定之日起 30 日内，向赔偿义务机关的上一级机关申请复议。因此，若对赔偿义务机关——县检察院的赔偿决定不服，高某可以向县检察院的上一级检察院申请复议。故 B 选项说法正确，不当选。

根据《国家赔偿法》第 33 条的规定，侵犯公民人身自由的，每日赔偿金按照国家上年度职工日平均工资计算。根据《最高人民法院、最高人民检察院关于办理刑事赔偿案件适用法律若干问题的解释》第 21 条第 1 款的规定，《国家赔偿法》第 33、34 条规定的上年度，是指赔偿义务机关作出赔偿决定时的上一年度；复议机关或者人民法院赔偿委员会改变原赔偿决定，按照新作出决定时的上一年度国家职工平均工资标准计算人身自由赔偿金。本案中没有说明赔偿义务机关作出赔偿决定的年度，则不能确定对高某限制人身自由的每日赔偿金具体按哪一年度的国家职工日平均工资标准计算。故 C 选项说法不正确，当选。

根据《最高人民法院关于审理国家赔偿案件确定精神损害赔偿责任适用法律若干问题的解释》第 8 条的规定，致人精神损害，造成严重后果的，精神损害抚慰金一般应当在《国家赔偿法》第 33、34 条规定的人身自由赔偿金、生命健康赔偿金总额的 50%以下（包括本数）酌定；后果特别严重，或者虽然不具有本解释第 7 条第 2 款规定情形，但是确有证据证明前述标准不足以抚慰的，可以在 50%以上酌定。根据《最高人民法院关于审理国家赔偿案件确定精神损害赔偿责任适用法律若干问题的解释》

第 7 条的规定，有下列情形之一的，可以认定为《国家赔偿法》第 35 条规定的"造成严重后果"：①无罪或者终止追究刑事责任的人被羁押 6 个月以上；②受害人经鉴定为轻伤以上或者残疾；③受害人经诊断、鉴定为精神障碍或者精神残疾，且与侵权行为存在关联；④受害人名誉、荣誉、家庭、职业、教育等方面遭受严重损害，且与侵权行为存在关联。受害人无罪被羁押 10 年以上；受害人死亡；受害人经鉴定为重伤或者残疾一至四级，且生活不能自理；受害人经诊断、鉴定为严重精神障碍或者精神残疾一至二级，生活不能自理，且与侵权行为存在关联的，可以认定为后果特别严重。本案中，高某被羁押 6 个月以上，但没有被羁押 10 年以上，对其精神损害属于"造成严重后果"但不属于"后果特别严重"，因此，对高某的精神损害抚慰金应当在人身自由赔偿金额的 50% 以下（包括本数）酌定。故 D 选项说法不正确，当选。

118. [考点] 行政赔偿诉讼起诉期限；国家赔偿方式

[答案] BCD

[解析] 根据《国家赔偿法》第 14 条的规定，赔偿义务机关在规定期限内未作出是否赔偿的决定，赔偿请求人可以自期限届满之日起 3 个月内，向人民法院提起诉讼。赔偿请求人对赔偿的方式、项目、数额有异议的，或者赔偿义务机关作出不予赔偿决定的，赔偿请求人可以自赔偿义务机关作出赔偿或者不予赔偿决定之日起 3 个月内，向人民法院提起诉讼。因此，本案中，周某与拆迁办协商赔偿无果后，其起诉期限为 3 个月，而非 6 个月。故 A 选项说法错误。

根据《行政赔偿案件规定》第 27 条第 1 款的规定，违法行政行为造成公民、法人或者其他组织财产损害，不能返还财产或者恢复原状的，按照损害发生时该财产的市场价格计算损失。市场价格无法确定，或者该价格不足以弥补公民、法人或者其他组织损失的，可以采用其他合理方式计算。因此，对周某房屋的赔偿应按照拆除房屋时的市场价格计算；该价格不足以弥补周某损失的，可以采用其他合理方式计算。故 B 选项说法正确。

根据《国家赔偿法》第 36 条的规定，侵犯公民、法人和其他组织的财产权造成损害的，按照下列规定处理：……⑧对财产权造成其他损害的，按照直接损失给予赔偿。根据《行政赔偿案件规定》第 29 条的规定，下列损失属于《国家赔偿法》第 36 条第 8 项规定的"直接损失"：……

③通过行政补偿程序依法应当获得的奖励、补贴等；……因此，通过行政补偿程序依法应当获得的奖励、补贴属于赔偿范围。故 C 选项说法正确。

根据《行政赔偿案件规定》第 27 条第 2 款的规定，违法征收征用土地、房屋，人民法院判决给予被征收人的行政赔偿，不得少于被征收人依法应当获得的安置补偿权益。因此，周某获得的行政赔偿不得少于其依法应当获得的安置补偿权益。故 D 选项说法正确。

答案速查表

题号	答案	题号	答案	题号	答案
1	ABD	25	AD	49	ABCD
2	C	26	C	50	ABC
3	BC	27	ABCD	51	ABD
4	AD	28	B	52	BC
5	BC	29	ACD	53	ABD
6	ABCD	30	ABCD	54	AC
7	AB	31	CD	55	D
8	ABCD	32	BD	56	ABC
9	AC	33	ACD	57	D
10	BCD	34	ABCD	58	ABD
11	ABCD	35	ABC	59	BD
12	ABD	36	ABC	60	AD
13	BD	37	BC	61	CD
14	ABC	38	BD	62	C
15	D	39	BD	63	ABCD
16	AC	40	BD	64	AC
17	BCD	41	D	65	ABD
18	B	42	ABCD	66	AC
19	A	43	D	67	A
20	ABC	44	B	68	ABCD
21	ABCD	45	ACD	69	ABC
22	ACD	46	AC	70	AD
23	C	47	CD	71	ABD
24	CD	48	ACD	72	CD

题号	答案	题号	答案	题号	答案
73	BC	89	B	105	BC
74	ABC	90	D	106	ABC
75	B	91	ABCD	107	BC
76	ABD	92	C	108	BC
77	ABCD	93	BD	109	BCD
78	AD	94	C	110	CD
79	CD	95	ABD	111	AC
80	ACD	96	AC	112	ABCD
81	ACD	97	AB	113	BC
82	AC	98	C	114	BCD
83	AC	99	ABC	115	ABD
84	BC	100	ABCD	116	BC
85	ABC	101	AB	117	ACD
86	BD	102	AD	118	BCD
87	ABC	103	BC		
88	D	104	CD		

声　明　　1. 版权所有，侵权必究。

　　　　　2. 如有缺页、倒装问题，由出版社负责退换。

图书在版编目（CIP）数据

金题卷. 行政法突破118题 / 魏建新编著. -- 北京：中国政法大学出版社，2024. 7. -- ISBN 978-7-5764-1566-7

Ⅰ. D920.4

中国国家版本馆CIP数据核字第2024KT6225号

出 版 者	中国政法大学出版社
地　　址	北京市海淀区西土城路25号
邮寄地址	北京100088 信箱8034分箱　邮编100088
网　　址	http://www.cuplpress.com（网络实名：中国政法大学出版社）
电　　话	010-58908285(总编室) 58908433（编辑部）58908334(邮购部)
承　　印	三河市华润印刷有限公司
开　　本	787mm×1092mm　1/16
印　　张	8.75
字　　数	180千字
版　　次	2024年7月第1版
印　　次	2024年7月第1次印刷
定　　价	45.00元

厚大法考（郑州）2024年客观题面授教学计划

班次名称		授课模式	授课时间	标准学费（元）	阶段优惠(元) 6.10前	阶段优惠(元) 7.10前	备 注
高端系列	尊享二班（视频+面授）	全日制集训	5.12~主观题	36800	主客一体，协议保障。报班即可享受班主任监督学习服务，教辅答疑服务；正课开始一对一抽背纠偏，知识点梳理讲解；名辅辅导、作业检查、主观化思维训练；心理疏导、定期班会、指纹打卡记录考勤。2024年客观题未通过，退24800元；主观题未通过，退10800元。		配备本班次配套图书及随堂内部资料
高端系列	大成集训班（视频+面授） A模式	全日制集训	5.12~主观题	28800	主客一体、协议保障。小组辅导，指纹打卡记录考勤，量身打造个性化学习方案。高强度、多轮次、全方位消除疑难，环环相扣不留死角。2024年客观题成绩合格，凭成绩单读主观题短训班；客观题未通过，退20000元。		配备本班次配套图书及随堂内部资料
高端系列	大成集训班 B模式	全日制集训	5.12~8.31	14800	11300	已开课	配备本班次配套图书及随堂内部资料
轩成系列	轩成集训班（视频+面授） A模式	全日制集训	6.16~主观题	12800	主客一体，无优惠。2024年客观题成绩合格，凭成绩单读主观题短训班。		配备本班次配套图书及随堂内部资料
轩成系列	轩成集训班 B模式	全日制集训	6.16~8.31	12800	9300	9800	配备本班次配套图书及随堂内部资料
暑期系列	暑期主客一体班（面授）	全日制集训	7.10~主观题	11800	主客一体，无优惠。2024年客观题成绩合格，凭成绩单读主观题短训班。		配备本班次配套图书及随堂内部资料
暑期系列	暑期全程班B模式（面授）	暑 期	7.10~8.31	11800	8300	8800	配备本班次配套图书及随堂内部资料
冲刺系列	考前密训冲刺A班	集 训	8.22~8.31	6680	2024年客观题通过，凭成绩单读主观题密训班；客观题未通过，退6000元。		配备本班次配套图书及随堂内部资料
冲刺系列	考前密训冲刺B班			4580	4100	4300	配备本班次配套图书及随堂内部资料

优惠政策：

1. 多人报名可在优惠价格基础上再享团报优惠：2人（含）以上报名，每人优惠200元；3人（含）以上报名，每人优惠300元。
2. 厚大面授老学员在阶段优惠价格基础上再优惠500元（冲刺班次和协议班次除外），不再享受其他优惠。

【郑州分校地址】 河南省郑州市龙湖镇（南大学城）泰山路与107国道交叉口向东50米路南厚大教学
咨询电话：李老师 19939507026 杨老师 17303862226

厚大法考APP　　厚大法考官微　　厚大法考官博　　郑州厚大法考QQ服务群　　郑州厚大法考面授分校官博　　郑州厚大法考面授分校官微

狂飙 花更少的钱·上更牛的课

（2980元主客一体名师内部冲刺课）

- **在职考生**：工作忙时间碎,备考时间不固定,没形成学习习惯
- **零基础考生**：对备考不了解莫名恐惧无从下手,没有方向
- **屡考不过**：难突破瓶颈、缺乏应试技巧心态疲惫的考生
- **全职妈妈**：干扰因素多,学习效率低,学习动力欠缺
- **初入职场**：缺少一纸证书,抓不住心仪的工作机会
- **在校学生**：校内事情繁多,准备暑期突击,需要最大化有效备考

课程阶段

客观	时间	学习效果
内部精讲	7月上旬~8月下旬	系统讲解考点无遗漏,听课理解同时有意识区分与记忆重难考点
真题训练	7月初~9月初	名师精编精选历年真题,训练题感的同时让你会做题,做对题
点睛押题	8月底~9月中旬	学院派名师精心打造,考前临门一脚,快速提分50+

主观(同步直播)	时间	学习效果
主观衔接	9月下旬	主观重要科目考点梳理,帮助考生从客观到主观答题思维与答题方法的转变
考前密训	10月1日~10月7日	高质量模拟案例与高频主观考点知识点的讲解,让考生把握重点,锻炼答题逻辑思维,有效掌握答题技巧
民事融合	10月8日	讲授民事融合的高频考点,训练答题技巧,定向突破民法、商法、民诉50多分的案例综合题,有效提高综合性题目得分

课程优势

- ■ 名师课程
- ■ 小班管理
- ■ 经验丰富
- ■ 抽背服务
- ■ 跟踪督学
- ■ 专业答疑
- ■ 心理疏导
- ■ 冲刺押题

全方位一站式解决备考难题

扫码即可报名